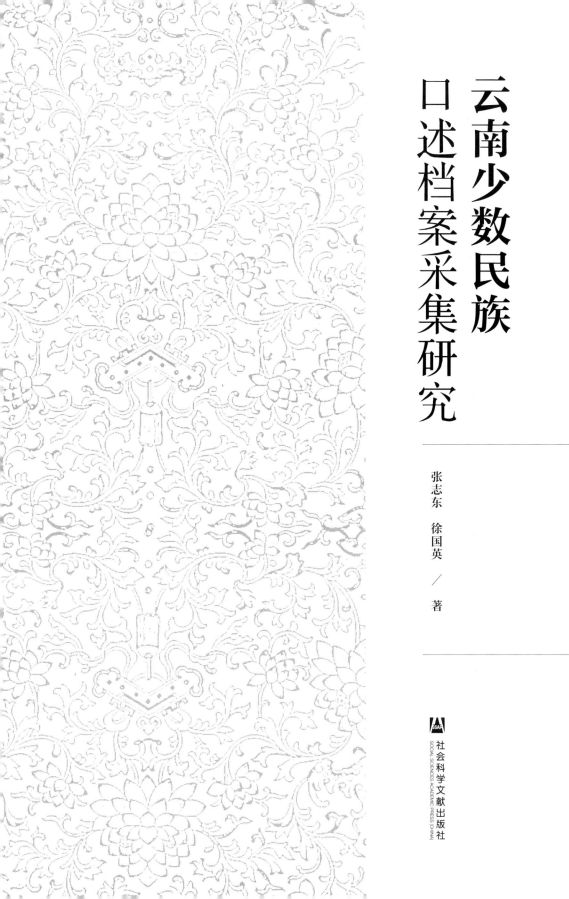

云南少数民族
口述档案采集研究

张志东　徐国英 ／ 著

社会科学文献出版社
SOCIAL SCIENCES ACADEMIC PRESS (CHINA)

序

志东大作《云南少数民族口述档案采集研究》即将出版，索序于我，盛情难却，只好啰唆几句。

志东是云南大学 2016 级档案学专业的博士研究生，在我指导的研究生中，他勤奋刻苦、善于学习。他出生于河北省遵化市，本科和硕士阶段分别在我系攻读信息管理与信息系统专业、图书馆学专业，具有信息管理和图书馆学的学历背景，跟我攻读档案学博士学位后，在繁忙的工作之余，硬是挤出难得的点滴时间完成了规定的学业计划，并顺利通过毕业论文答辩，获得了管理学博士学位。他的那种与生俱来的韧劲和刻苦钻研的精神给我留下了深刻的印象。

从 2016 年 9 月入学到 2020 年 6 月毕业，短短的 4 年里，志东先后以第一作者身份在《新世纪图书馆》《图书馆论坛》《图书馆杂志》《西南边疆民族研究》等 CSSCI 来源期刊上发表学术论文 4 篇，在中国社会科学出版社出版学术专著 1 部并再版，主持 2017 年度教育部人文社会科学研究青年基金项目 1 项，主持完成 2018 年教育部第二批产学合作协同育人项目和校级项目各 1 项。在此期间，除了承担云南大学教务处的繁重工作外，还被借调到教育部发展规划司扶贫处工作一年。对于一位青年学子而言，能取得上述成绩实属不易，我为志东能取得今天这样的优异成绩感到无比的欣慰和高兴。

《云南少数民族口述档案采集研究》一书是志东在其博士学位论文的基础上修改而成的。选题的来源始于我参与完成的云南省档案局申报的 2014 年度国家档案局科技计划项目"少数民族口述历史采集与整理方法研究"，该项目的研究成果还荣获 2016 年度国家档案局优秀科技成果三等奖。志东的论文在前期研究的基础上进一步地域化、系统化和专业化，不仅阐述了云南少数民族口述档案的界定、种类、特点、价值、作用，分析了采集现状（探索与实践、困难和问题），而且把采集方法划分为前馈控制（采集前期）、过程控制（采集中期）、反馈控制（采集后期）三个阶段加以探讨，从采集目标、采集对策两方面提出了云南少数民族口述档案采集工作的保障措施。全文研究方向明确、写作思路清晰、结构安排合理，对我国少数民族口述档案工作的开展具有较强的业务指导意义和实际应用价值。

口述档案虽然是最近 30 余年才兴起的一种专门档案形态，但我国口述实践活动已有漫长悠久的历史，档案的前身或萌芽状态就是远古人类的传说、神话、故事等。早在春秋战国之际，周王室及各个诸侯国就经常派出史官到各地巡游采风，收集各种口头传说，如《诗经》中的"十五国风"，便是采集 15 个地方的民间乐歌加以润色而成。司马迁从 20 岁起就到各地游历、亲访老人、收集逸闻，正是有了这些口头记录，才保证了《史记》的资料来源，填补了三皇五帝时期没有文字记载的历史空白。

在我国 55 个少数民族中，有 29 个少数民族有与自己的语言相一致的文字，由于有的少数民族使用一种以上文字，所以 29 个少数民族共使用 54 种文字。而云南大部分少数民族没有自己的文字，即使有文字的少数民族，其历史记忆也大多是以口耳相传的方式世代留存下来，因此，为少数民族特别是无文字少数民族建立口述档案是一项迫在眉睫的任务。2010 年 3 月，国家档案局批准云南为抢救保护少数民族口述历史的试点地区，云南省档案局（馆）以中新口述历史合作项目为契机，开展了云南 15 个独有少数民族口述历史的抢救保护工作，现已取得阶段性成果。但从目前采集、整理的实际情况来看，由于缺乏专业化的理论指导，还存在不规范、不完整、质量不高等问题。在此背景下，志东以采集方法为重点，撰写了《云南少数民族口述档案采集研究》一书。

综观志东的这部著作，有以下三个突出的特点。

1. 学术思想方面。本书在阐述云南少数民族口述档案概念、种类、特点、价值、作用的基础上，分析了云南少数民族口述档案采集的探索和实践、问题和困难等现状，从宏观层面提出了云南少数民族口述档案采集的顶层设计、机制构建、人才培养、资金技术等方面的保障措施，从微观层面提出了云南少数民族口述档案采集的实施办法，将口述档案采集工作分为采集准备阶段、采集执行阶段和采集结束阶段，分别对应系统管理理论的前馈控制、过程控制和反馈控制，论述少数民族口述档案采集工作的流程、方法、注意事项以及具体操作等，总结出一套系统化、细致化的口述档案采集方法，每项工作均列出相应的附件范本，对口述档案采集人员工作具有指南意义。

2. 学术观点方面。本书以习近平总书记对云南提出的"三个定位"为统领，从"三大发展"、参与"一带一路"建设的目标出发，本着既反映历史又注重现实，既展现风貌又突出特色的原则，用文字、图片、声音、视频再现云南各少数民族的悠久历史和灿烂文化，做好云南少数民族口述档案采集工作，不断探索和改进相关的工作思路、工作机制、工作流程、工作方法，把云南少数民族口述档案资源建设提升到档案强国建设、民族文化强省建设的战略高度，保护和传承少数民族口头文化遗产，引领边疆民族地区档案事业实现新跨越，开创民族文化大繁荣大发展的新局面。

3. 研究方法方面。本书在吸收借鉴云南少数民族口述档案采集工作实践经验的基础上，综合运用民族学、档案学、信息学、口述史、非遗学等学科理论知识，将理论分析与实证研究相结合、实地调查与口述访谈相结合、个案分析与归纳总结相结合，探讨云南少数民族口述档案采集方法，构建切实可行的方法论体系。

（1）文献研究法。本书查阅和收集的文献资料分为两方面：第一，国内外关于口述档案、口述史、非遗建档保护、档案管理、访谈采访等方面的论著，政府部门的标准化和政策性文件，口述史机构等发表的项目报告、研究报告等；第二，国内关于云南少数民族口述档案采集整理、抢救保护等方面的论著，云南省各级政府、档案部门的政策文件、统计资料、调查报告、总结报告、讲话材料等。通过不断跟踪学术研究的动态，掌握新的信息，以大量文献资料作为本书研究基础，具体分析云南少数民族口述档案采集的现状及困难，提出相应的保障策略。

（2）调查访谈法。在研究过程中作者多次到云南省档案局（馆）、云南省民宗委、云南省非遗保护中心、大理州档案局（馆）、大理市非物质文化博物馆等机构进行调研，与相关领导和工作人员沟通交流，借阅已采集、整理的口述档案，对云南省口述档案采集与整理情况、存在的困难和问题有了较为深入的认识和了解，并获得第一手资料，为本书的写作打下坚实的基础；作者亲自参与多位受访者的口述档案采集和整理工作，进一步验证了本书提出的采集整理方法的可行性和适用性，对方法中存在的不足作了改进。

（3）归纳分析法。对访谈资料和调查问卷进行归纳分析，总结云南少数民族口述档案资源建设存在的问题、有效的改进措施，为更好地开展云南少数民族资源建设提供参考；针对目前口述档案采集工作没有实用性强的操作指南的现状，本书根据采集工作实践，详细提供了采集过程中可能需要的附件材料，对口述档案采集团队和成员具有工作指导意义。

志东作为一名青年学子，治学甚勤、收获颇丰。本书的出版，表明他对民族档案和口述档案的研究已经迈上一个新的台阶。但是也应该看到，民族档案学与口述史学、口述档案领域还有很多博大精深的学问有待深入探索，学无止境，期望志东百尺竿头、更进一步，不受当前学术界泛起的浮躁学风、学术乱象的影响，脚踏实地、一步一个脚印地勇攀高峰。从志东的学习经历中，我们看到了后起之秀和新一代学人正在茁壮成长，看到了云南图情档学界的希望之所在。我们相信，只要有这样一批朝气蓬勃的年轻人，民族档案学建设和发展的薪火就能够持续传递下去。

烦言啧啧，是为序。

陈子丹

写于昆明龙泉路高校小区

2020 年 12 月 4 日

目　录

绪 论

一 研究背景

云南特殊的边疆民族治理政策和丰富的民族传统文化蕴藏着大量独具特色的潜在口述档案资源，采集云南经济、民生、社会、文化中潜在的口述档案资源，经过整理加以利用，不仅有利于拓宽档案资源建设途径、完善馆藏结构，而且更能发挥档案"存凭、留史、资政、育人"的功能，使档案的隐性价值得到显性发挥。在社会层面上，口述档案记录和展示了社会主义制度的优越性，坚定了在中国共产党领导下实施民族区域自治、走社会主义道路的理想信念。在文化层面上，口述档案推动了云南少数民族传统文化的传承和保护，拓宽了非物质文化遗产的保护渠道，增强了民族文化自信。

（一）社会层面

美国档案学者 F. 杰拉尔德·汉姆认为："记录、保存文化的档案是人类举起的一面折射历史的'镜子'，如果我们没举着那面'镜子'，如果我们不帮助人们理解他们居住的世界，如果这不是档案所有的内容和任务，那么我不知道我们所做的还有什么意义。"① 档案完整地记录和保存了一个国家、社会和民族的历史记忆，全面反映了一个国家的社会变迁，是国家宝贵的文化财富。而除了现有的纸质档案，也可通过口述档案的采集，将社会各界人士对于历史事件、社会变迁、改革发展的个人所见、所想、所感记录下来，尽可能全景式展现历史面貌，维系社会历史的整体性和连续性，活灵活现地体现社会主义制度的优越性和社会主义道路的正确性，见证"四个自信"的丰富内涵，丰富和完善云南少数民族档案资源体系。

---

① 薛匡勇：《论档案馆的存史职能》，《上海档案》2002 年第 3 期。

（二）文化层面

云南是我国民族种类最多的省份，在39.4万平方千米的土地上聚居着26个民族，除汉族外，在25个世居少数民族中有15个少数民族为云南所特有，16个少数民族为跨境民族。少数民族人口占云南省人口总数的33.4%，民族自治地方的土地面积为27.67万平方千米，占云南省总面积的70.2%。[①] 在人类社会漫长的历史演进过程中，这些少数民族在自身发展、分化的同时，又同汉族及其他民族人民不断交往、不断融合、不断重组，最终形成了具有本民族特色的语言、习俗、音乐、舞蹈、服饰、节日庆典和祭祀礼仪，这些民族优秀传统文化世代传承，形成了特色鲜明的民族记忆瑰宝。云南各少数民族除回族、满族、水族通用汉语外，其他22个少数民族使用26种语言，14个少数民族使用22种文字。云南少数民族的节庆活动每年有70余个，少数民族曲艺56种。据笔者统计，截至2019年2月，云南省共有各级非遗项目8590项，传承人3964人，其中包括国家级项目105项，省级项目450项；国家级传承人125人，省级传承人1016人。"格萨（斯）尔""剪纸（傣族剪纸）"两个项目入选联合国教科文组织"人类非物质文化遗产代表作名录"。随着我国工业化和城镇化的快速发展，在带动边疆民族地区经济社会繁荣发展的同时，也给这些地区的少数民族传统文化、民族传承带来了巨大的冲击，使少数民族非物质文化的保护和传承面临许多新的挑战。从少数民族传统文化"群体记忆，口传心授"的特征来看，利用口述档案来记录民族传统文化是一种比较好的保护形式。正如冯骥才先生所说："记录就是一种保护，甚至是首要的保护，因为记录是为了未来而记录历史。"[②] 开展口述档案资源采集工作对抢救保护云南少数民族文化意义重大，因为文化的存录对一个民族来说，是记忆，是积累，是面对过去，更是面对未来必须做好做细做扎实的事情。[③]

云南省自2010年3月被国家档案局批准为少数民族口述历史档案试点

---

① 《人口及民族》，2019-02-15，http://www.yn.gov.cn/yngk/gk/201904/t20190403_96251.html。
② 冯骥才：《为未来记录历史——中国木版年画普查总结》，载冯骥才主编《年画的价值——中国木版年画国际论坛论文集》，天津大学出版社，2012。
③ 冯骥才：《天津皇会文化遗产档案丛书》，山东教育出版社，2013。

地区以来，逐年制定采集计划，现已完成云南 15 个特有少数民族及彝族共170 余名代表性人物的口述历史档案抢救保护工作，还完成了近百位中国远征军口述历史档案抢救保护、近 600 名大学生梦想采集工作，试点工作已取得阶段性成果。云南省从目前采集的实际情况来看，由于缺乏系统化的理论指导，还存在不系统、不规范、质量不高等情况。

云南少数民族口述档案采集工作方法研究是一个以现实需求为导向的时代课题，研究过程中应致力于理论建设的整体推进和实践问题的重点突破，宏观的理论研究为微观的实践问题提供理论把握和指导，微观的现实问题研究又反过来推动宏观理论研究向纵深发展，实现具体现实问题研究和理论建设全面发展、整体性突破，最终达到微观和宏观的统一。

实践是思路的第一来源，田野调查数据是本书的重要支撑，笔者多次到云南省档案馆、各地州档案馆参观学习、交流沟通，亲自参与少数民族口述档案的采集工作，本书在对云南少数民族口述档案的概念、种类、特点、价值与意义等进行理论研究的基础上，分析云南少数民族口述档案实践采集的问题和困难；从微观层面详细论述了云南少数民族口述档案采集方法，将系统管理科学的控制理论运用到口述档案采集的全过程，提出了云南少数民族口述档案采集的系统性理论和方法论，将口述档案采集工作分为采集前期、采集中期和采集后期，分别对应前馈控制、过程控制和反馈控制，确保口述档案采集实现高效、系统、完整、真实，总结出一套系统化、详细化的口述档案采集方法，每项工作均列出相应的附件范本，对口述档案采集实施人员具有工作手册意义；从宏观层面提出了云南少数民族口述档案采集的顶层设计、机制建构、资金保障、人才培养等方面的目标和措施。

以往关于少数民族口述档案的研究绝大多数是基于非物质文化遗产传承保护视角开展的，本书从经济、社会、文化、脱贫攻坚、生态保护等多个方面讨论口述档案的采集问题。本着既反映历史又注重现实，既展现风貌又突出特色的原则，用声音、文字、图片、视频再现云南各少数民族的历史和风情，开展云南少数民族口述档案采集工作，不断探索和完善相关的工作思路、工作机制、工作流程以及工作方法，以此弘扬和传承少数民族优秀文化遗产。

二 国内外研究现状

(一) 国内研究现状

本书选取中国知网 (CNKI) 的 "中国学术期刊数据库" 为检索工具,以 "篇名 = '口述档案' or '口述历史档案'" 为检索条件,经检索发现1986~2019 年共发表口述档案或口述历史档案的中文期刊论文 384 篇。根据逐年发表论文数量制作表 0-1,并绘制图 0-1。从表 0-1 和图 0-1 可以看出,1986~2005 年,我国关于口述档案研究的文献量较少,口述档案研究处于起步萌芽阶段;2006~2015 年,我国关于口述档案的研究文献量大幅度提升,为我国口述档案研究初步确立阶段;2016 年起我国关于口述档案的研究文献量继续增加,但增量趋于平稳,口述档案研究进入深化发展阶段。

表 0-1　1986~2019 年口述档案期刊文献年度发表情况

单位: 篇

年数	1986	1993	1994	1995	1997	1998	1999	2000	2001
数量	1	2	1	2	2	5	3	6	2
年度	2002	2003	2004	2005	2006	2007	2008	2009	2010
数量	4	5	4	3	17	11	10	17	14
年度	2011	2012	2013	2014	2015	2016	2017	2018	2019
数量	16	27	30	27	33	36	34	36	36

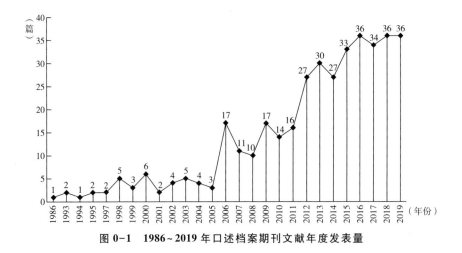

图 0-1　1986~2019 年口述档案期刊文献年度发表量

1. 口述档案研究起步萌芽期（1986～2005）

在口述档案研究起步萌芽期的 20 年间发表文章仅 40 篇，每年平均发文量 2 篇，且在 1987～1992 年的 6 年间出现了断档现象，研究进程相对缓慢，研究的内容主要集中在以下几方面。

（1）国内"口述档案"概念的提出。目前可公开检索到的最早一篇关于"口述档案"的文章是 1986 年吕明军老师的《口述档案及其兴起》[①] 一文，是关于口述档案的开山之作，它也是最早对"口述档案"概念进行定义的文章。20 世纪末，国内档案学界掀起了一场关于口述档案科学性的大讨论，将这一时期口述档案研究推向了高潮。其辩论焦点主要集中在三个方面：一是关于口述档案本质属性即原始记录性的辨析，二是关于口述档案形成过程合法性的辨析，三是关于口述档案概念是否泛化的辨析。持反对态度的学者主要以王茂跃、王立维、宛志亮等为代表，持赞成态度的学者主要以吴品才、李南星、李扬新等为代表。口述档案作为档案学的一个新的分支学科，对其本质属性、形成过程等基本问题的理解也是仁者见仁、智者见智，新学科理论只有在"百家争鸣"中才能得到更快的发展。我们既要认识到口述档案作为一个概念的提出具有理论和实践上的合理性，也要认识到口述档案具有与传统档案所不同的特殊性，且还需要进一步探讨。

（2）国外"口述档案"概念的介绍。1988 年丁进文等编译了 1984 年国际档案理事会出版的《英汉法荷德意俄西档案术语词典》一书，词典中法文词条出现了 Archives orales（口述档案）概念，西班牙文词条出现了 Archivo oral（口述档案）概念。这一词条与英文中的 Oarl history 相对应，被解释为"与私人进行有计划的会见采访的结果，通常以手稿，录音或录音的逐字记录形式出现，其目的是供研究利用"[②]。1993 年傅华的《国外口述档案工作概述》[③]、1995 年吴品才的《口述档案的启示》[④] 等文章详细介绍了国外关于"口述档案"的概念。

（3）国外口述档案工作情况的介绍。1993 年傅华的《国外口述档案工

---

① 吕明军：《口述档案及其兴起》，《档案》1986 年第 6 期。
② 丁进文等译《档案术语词典》，档案出版社，1988，第 15 页。
③ 傅华：《国外口述档案工作概述》，《上海档案工作》1993 年第 3 期。
④ 吴品才：《口述档案的启示》，《档案学研究》1995 年第 4 期。

作概述》一文介绍了美国、芬兰等国家的口述档案发展情况①，莫易的《非洲塞内加尔的口述档案》介绍了 1960 年塞内加尔获得独立后国家档案馆所进行的口述档案收集整理工作②。贾翰文的《新加坡的口述档案》介绍了新加坡对口述档案的重视及取得的成绩，文中指出新加坡建立了档案与口述历史咨询委员会负责指导及监察口述历史计划，从而使新加坡的口述档案工作取得了显著的成绩。③

这一时期我国关于口述档案研究的论文较少，国家层面和学术界对"口述档案"概念也未形成相对统一和权威的定义，所发文章内容主要是对国外口述档案基本情况的介绍。尽管 20 世纪末期关于"口述档案"概念之争点燃了档案学界对口述档案的研究热情，出现了短暂的"数量增加、质量提高"的现象，但这一时期总体特征是：总量不多，以理论性研究为主，实际工作研究内容少。

2. 口述档案研究初步确立期（2006~2015）

2006~2015 年口述档案得到了国内档案学界的广泛关注，有关口述档案研究的文章数量急速增加，其 10 年间共发表相关文章 202 篇，年均发文量达 20 篇。"口述档案"这一术语尽管没有权威和统一的定义，但基本得到档案学界的重视和认可，口述档案的研究视野由理论研究逐渐扩展到实际工作研究领域。这一时期有关口述档案研究的主要内容有以下几个方面。

（1）口述档案价值作用研究。吴宝康先生曾指出，全面而深刻地认识档案的价值和作用，对于理解档案的性质、科学地管理档案和充分发挥档案的效益具有重要意义。④ 这一时期档案学者们从不同视角对口述档案的价值和作用进行了深入探讨。一是从历史文化视角论述口述档案价值，如刘旭光、薛鹤婵认为，口述档案可以填补历史空白、实现历史再现。⑤ 二是从社会记忆视角论述口述档案功能，如张盼认为，口述档案是对社会记忆的补充、批判和证明，口述档案是构建大众历史记忆的基石，是防止社会失

① 傅华：《国外口述档案工作概述》，《上海档案工作》1993 年第 3 期。
② 莫易：《非洲塞内加尔的口述档案》，《上海档案工作》1993 年第 3 期。
③ 贾翰文：《新加坡的口述档案》，《兰台世界》2000 年第 8 期。
④ 吴宝康：《档案学概论》，中国人民大学出版社，1988，第 45 页。
⑤ 刘旭光、薛鹤婵：《试论口述档案的价值》，《档案学通讯》2007 年第 4 期。

忆的有力工具。① 三是从馆藏建设视角论述口述档案的意义，如廉抗美等学者认为，口述档案是档案馆资源建设的重要组成部分，是填补档案馆馆藏档案不足的有效措施，发挥着丰富馆藏，改善馆藏结构的作用。② 四是从法律证据视角论述口述档案的凭证作用，如蒋冠的《口述档案的法律证据作用》③ 和黄桢、王玉龙的《论口述历史档案的证据价值》④，认为口述档案是一种新型的法律证据，在有效规避口述档案证据价值的局限性时，可最大程度地发挥法律凭证作用。

（2）口述档案工作实务研究。一是关于口述档案收集工作研究，如王俊斌、郭洁在《浅谈口述档案的收集》中以山西农业合作化运动的口述调查实践为依据，将口述档案的收集工作分为确定主题、选取对象、准备提纲、实地访谈、注解整理等五个步骤。⑤ 二是关于口述档案保管工作研究，如华南理工大学档案馆的朱丽梅等人在《高校口述档案的整理分析及保管利用的探讨》中从建档编目、访谈材料数字化、数字化建设、数据备份及管理四个方面论述了口述档案保管工作的内容。⑥ 三是关于口述档案开发利用研究，如董甜甜在《论白族民间传说故事口述档案的开发利用》中论述了如何对口述档案进行科学管理，发挥其实用性。⑦ 四是关于口述档案编研工作研究，如 2006 年，黄峰在《口述档案编研原则与方法》中论述了口述档案应遵循的编研原则、采取的编研方法。⑧

（3）口述档案在特定领域的研究。一是关于少数民族口述档案研究，随着国家对中华民族传统文化重视程度的不断提升，对非物质文化遗产保护工作不断深化，口述档案在少数民族文化遗产抢救和保护领域的研究成为这一时期口述档案研究的最大热点，国内档案界在此期间共发表关于少数民族口述档案的文章 38 篇，占同期口述档案文章总量的近 1/5，如黄琴、

① 张盼：《社会记忆视角下口述档案的特征和功能》，《档案》2013 年第 3 期。
② 廉抗美：《档案馆开展口述档案工作大有可为》，载《实践·创新·发展：全国地（市）、县（市）档案局馆长论坛文集》，中国档案出版社，2007，第 225～231 页。
③ 蒋冠等：《口述档案的法律证据作用》，《北京档案》2007 年第 9 期。
④ 黄桢、王玉龙：《论口述历史档案的证据价值》，《浙江档案》2013 年第 4 期。
⑤ 王俊斌、郭洁：《浅谈口述档案的收集》，《山西档案》2008 年第 3 期。
⑥ 朱丽梅等：《高校口述档案的整理分析及保管利用的探讨》，载《档案与文化建设——2012 年全国档案工作者年会论文集》（上），中国文史出版社，2012，第 255～260 页。
⑦ 董甜甜：《论白族民间传说故事口述档案的开发利用》，《云南档案》2009 年第 1 期。
⑧ 黄峰：《口述档案编研原则与方法》，《北京档案》2006 年第 2 期。

华林等的《论亟待抢救保护的云南民间少数民族口述历史档案》①、曹红梅的《口述档案与裕固族文化的传承》②、黄志洪的《口述档案与少数民族民间文化遗存的保护与传承》③ 等。二是高校口述档案研究，这一时期将口述档案与高校档案管理工作相结合的论文共有 15 篇，如陈爽琛的《试论口述档案在高校校史研究中的价值》④ 是较早一篇论述高校口述档案工作的文章。三是名人口述档案研究。早在 21 世纪初，口述档案的研究便开始了与历史名人研究相结合，为名人研究提供了新的收集史料途径。如，2003 年杨小红的《张学良口述档案研究》⑤，介绍了张学良将军口述档案形成的历史过程和公开的时代背景，展示了张学良口述档案的独有特点。在经过 10 多年的发展，关于名人口述档案的研究更为广阔和深入。2012 年，赵彦昌、卢芳的《张学良口述档案编纂成果的风格特色》，从五个方面系统地论述了张学良口述档案的特点⑥，张巍巍的《抚顺市档案馆征集清末武举张鼎元口述档案》介绍了张鼎元口述档案的收集情况⑦。四是口述档案在其他领域的研究，如刘霄的《气象台站元数据文件整编中可发挥口述档案的作用》，闫静的《口述档案：企业档案工作新视野与新拓展》等文章将口述档案的研究拓展到企事业工作的专业领域。

3. 口述档案研究深化发展期（2016~2019）

2016~2019 年，短短 4 年共发表口述档案相关论文 142 篇，年发文量达到 35 篇，发文量仍快速增长，研究内容主要是第二阶段的深化和拓展，研究对象更加具体和细化，目前关于口述档案的研究处于深化发展期，并将在较长时间内处于这一阶段。

（1）口述档案资源建设研究。口述档案资源建设对档案馆丰富馆藏数量，优化馆藏结构具有重要意义，已成为全国各档案馆的一项重要工作内

---

① 黄琴、华林、侯明昌：《论亟待保护抢救的云南民间少数民族口述历史档案》，《档案学通讯》2009 年第 1 期。
② 曹红梅：《口述档案与裕固族文化的传承》，《社科纵横》2006 年第 6 期。
③ 黄志洪：《口述档案与少数民族民间文化遗存的保护与传承》，《北京档案》2010 年第 2 期。
④ 陈爽琛：《试论口述档案在高校校史研究中的价值——以泉州师范学院为例》，《黑龙江史志》2008 年第 13 期。
⑤ 杨小红：《张学良口述档案研究》，《档案学通讯》2003 年第 1 期。
⑥ 赵彦昌、卢芳：《张学良口述档案编纂成果的风格特色》，载《档案事业改革与创新——2013 年全国青年档案工作者研讨会论文集》，中国文史出版社，2013，第 45 页。
⑦ 张巍巍：《抚顺市档案馆征集清末武举张鼎元口述档案》，《兰台世界》2013 年第 7 期。

容，也成为档案学者的一项重要研究议题。如 2016 年王英玮、吕豪杰的《基于档案馆资源体系建设需要的口述史料与口述档案概念思考》①、2017年潘玉民的《口述历史档案资源建设的基本问题》②、2018 年李秋丽的《高校口述历史档案资源建设与策略研究》③、首小琴的《我国档案馆口述档案资源采集模式及其比较》④ 等文章均从不同视角论述了口述档案资源建设工作。

（2）口述档案发展过程中新问题的研究。一是关于口述档案真实性问题研究，口述档案的真实性是社会记忆建构的起点，多位学者从主客观层面分析影响口述档案真实的因素，并提出了如何最大限度地保障口述档案的真实性。例如，2016 年卢钰的《口述历史档案内容真实性分析》⑤、2018年洪佳惠的《档案真实的价值论特征研究——兼论口述历史档案的真实性问题》⑥。二是关于口述档案伦理问题研究，由于口述档案涉及多元主体和多种利益关系，为确保口述档案建设与利用工作的顺利开展，口述档案的伦理问题引起了学者们普遍关注，如 2017 年尹培丽《口述档案伦理问题探究》一文认为，口述档案伦理问题贯穿于口述档案采集、整理和利用过程，包括历史真实与隐私保护、可能损害与未来效益、信息失衡与人道考虑。⑦

综上所述，我国关于口述档案的研究经历了起步萌芽、初步确立、深化发展三个时期，越来越多的学者开始关注口述档案的研究，有关口述档案的研究内容日趋多样、研究视角不断拓展、研究深度不断提升，但在研究过程中也存在着不足。一是研究不够深入系统。从目前研究的现状来看，"口述档案"的概念尚未统一，存在"口述档案""口述历史档案""口述史料"等多种提法，并时有争论，导致人们对口述档案认识不清、定位不准，不利于口述档案研究的深层次发展。理论研究还比较薄弱，研究成果

---

① 王英玮、吕豪杰：《基于档案馆资源体系建设需要的口述史料与口述档案概念思考》，《浙江档案》2016 年第 2 期。
② 潘玉民：《口述历史档案资源建设的基本问题》，《图书情报研究》2017 年第 3 期。
③ 李秋丽：《高校口述历史档案资源建设与策略研究》，《中国档案》2018 年第 7 期。
④ 首小琴：《我国档案馆口述档案资源采集模式及其比较》，《北京档案》2018 年第 6 期。
⑤ 卢钰：《口述历史档案内容真实性分析》，《档案与建设》2016 年第 11 期。
⑥ 洪佳惠：《档案真实的价值论特征研究——兼论口述历史档案的真实性问题》，《档案学通讯》2018 年第 2 期。
⑦ 尹培丽：《口述档案伦理问题探究》，《档案学研究》2017 年第 5 期。

主要集中在概念界定、分类及价值作用等方面，而对于具有全局意义和指导意义的理论研究成果相对不足。例如关于口述档案工作实务研究的文章不多，其中专门论述口述档案收集的文章仅20篇，专门论述口述档案整理工作的文章仅4篇且朱丽梅学者独占3篇。二是发文质量不高。1986~2019年关于口述档案的文章共384篇，但总体来看论文发表刊物的档次不高，发表于《档案学通讯》和《档案学研究》两大CSSCI核心刊物的文章仅有27篇，仅占上述发文量的7%。另外一些关于口述档案的文章尽管发表在专业期刊上，但内容主要集中在新闻报道类，其学术性和专业性不强，如《抢救保护云南少数民族口述历史档案培训班在昆举办》。三是重复发表现象严重。既有研究内容的重复发表，又有作者的重复发表。例如一文多发的情况，《口述档案：构筑民族的立体记忆》重复发表在《山西档案》和《黑龙江档案》，《综合档案馆的口述档案建设》重复发表在《北京档案》和《浙江档案》，《美国总统图书馆的口述档案》重复发表在《机电兵船档案》和《云南档案》。再如，同一作者针对同一内容多次发表，如某作者关于口述档案价值的文章分别发表了《试论口述档案的价值》《试论口述历史档案的价值》两篇相似文章，其中《试论口述历史档案的价值》一文两次发表。

（二）国外研究现状

本书以Social Sciences Citation Index，ProQuest Dissertations & Theses Global，Elsevier数据库为检索工具，分别以"oral archives"和"oral history"为检索词，将国外关于口述档案的研究归纳为以下几方面。

1. 关于口述档案基本理论的研究

玛格丽特·潘普林（Margaret Pamplin）的《口述档案》（Oral Archives）讨论了口述档案的概念以及档案管理者在口述档案工作中的作用。[①] 威廉姆·W.莫斯（William W. Moss）和彼得·马兹卡纳（Peter Mazikana）的《档案、口述史和口头传说：一个坡道研究》（*Archives, oral history and oral tradition: a RAMP study*）分别对档案、口述历史和口头传说的性质、作用、

[①] Margaret Pamplin. Oral Archives. *Joumal of the society of archivists*. 1978, 6（1）: 33.

管理中的问题、使用时考虑的因素进行了探析。①

2. 从历史学视角进行口述档案研究

哈娜·苏莱曼（Hana Sleiman）和卡库卡布·查罗（Kaoukab Chebaro）的《讲述巴勒斯坦：巴勒斯坦口述历史档案项目》（*Narrating Palestine：The Palestinian Oral History Archive Project*）介绍了为规划和实施美国贝鲁特大学的巴勒斯坦口述历史档案馆项目（POHA）做出的方法决定，通过对居住在黎巴嫩的第一代巴勒斯坦难民的口述历史资料进行档案数字化、索引和编目，吸引对巴勒斯坦研究特别是中东研究感兴趣的学者。②

3. 从文学视角开展口述档案研究

汉密尔顿·嘉莉（Hamilton Carrie）的《口述历史档案中的情感与动物》（*Emotions and Animals in the Oral History Archive*）通过对20世纪下半叶英国动物福利活动家的一系列访谈，探讨了情感、政治和主体性之间的关系。它将口述历史的情感方法论与情感史学、批判性动物研究、女权主义和同性恋理论之间的对话相结合，反映了基于动物受苦能力的保护，以及对情绪上的"理性"论点的保护。③ Caitrı′ona Nı′Laoire 的《匿名与否：关于移民生活叙事口述档案中匿名使用的思考》（*To name or not to name：reflections on the use of anonymity in an oral archive of migrant life narratives*）认为，口述历史与生活叙事研究存在截然不同的观点，即是否使用匿名来保护参与者的身份，这反映了不同的学科传统和实践的区别，文中介绍了这些不同的观点并设计一个匿名与否对口述档案影响的研究项目。它的结论是，为方便地访问移民生活叙事，访问者可以与参与者达成仅匿名提供声音的一致意见。④

4. 对口述档案作用的研究

卡门·鲁辛斯基（Ruschiensky Carmen）在《档案中的意义制作和记忆制作：与档案捐赠者的口头历史访谈》（*Meaning-Making and Memory-Making*

① William W. Moss, Peter Mazikana. *Archives，oral history and oral tradition：a RAMP study*. Paris，1986.

② Hana Sleiman, Kaoukab Chebaro. Narrating Palestine：The Palestinian Oral History Archive Project. *Journal of Palestine Studies*. 2018，47（2）：63-76.

③ Hamilton Carrie. *Emotions and Animals in the Oral History Archive*. AYER. 2015，98：101-127.

④ Caitrı′ona Nı′ Laoire. To name or not to name：reflections on the use of anonymity in an oral archive of migrant life narratives. *Social & Cultural Geography*. 2007，8（3）：373-390.

in the Archives：Oral History Interviews with Archives Donors）认为与档案捐赠者进行口述历史访谈有双重目的：通过尊重和丰富来源观及档案描述，提供有价值的背景信息，同时，可以揭示捐赠者与机构之间的关系、档案实践本身的关系，从而促进主流档案馆和社区之间的支持和对话、创新与实践。①

5. 关于口述档案建设的研究

卡拉迈·西尔维娅（Calamai Silvia）和弗朗蒂尼（Frontini Francesca）在《公平数据原则在语音和口述档案中的应用》（*FAIR data principles and their application to speech and oral archives*）中讨论了当前数据科学的公平原则、档案学原则在语音和口头档案中的适用性。②

6. 关于口述档案利用的研究

瑟古德·格雷厄姆（Thurgood Graham）在《法律、伦理和人权问题与档案馆口述历史访谈保存的关系》（*Legal，ethical and human-rights issues related to the storage of oral history interviews in archives*）中对将受访者的录音带、抄本保存在档案中并向公众开放，涉及的法律、道德和人权问题进行了思考，并试图克服这些问题，提出了一些实际问题的潜在解决方案。③

综上所述，国外关于口述档案的研究，从历史学的角度研究较多，从档案专业角度研究较少；理论及宏观层面的研究较多，实践操作和微观层面的采集、整理利用的研究较少。

三 理论依据

（一）口述访谈法

口述档案采集主要是运用口述访谈方式，针对某一个或某一群人，对过去特定的社会事件或生活经验进行相关资料的收集、诠释和讨论。这里的访谈是指会谈或面谈，它不同于日常生活中的会话，而是一种有特定目

---

① Ruschiensky Carmen. *Meaning-Making and Memory-Making in the Archives：Oral History Interviews with Archives Donors*. Archivaria. 2017，84：103-125.

② Calamai Silvia，Frontini Francesca. FAIR data principles and their application to speech and oral archives. *JOURNAL OF NEW MUSIC RESEARCH*. 2018，47（4）：339-354.

③ Thurgood Graham. Legal，ethical and human-rights issues related to the storage of oral history interviews in archives. *International history of nursing journal*. 2002，7（2）：38-49.

的的谈话。因此，口述档案采集的主要方法，实际上就是质性研究的基本方法——口述访谈法。

1. 口述档案的质性特征

一般而言，质性研究是一种避免数字、重视社会事实诠释的方法。其中，最具代表性的质性研究方法就是深度访谈。它着眼于研究者和被研究者在日常生活中对意义的描述及诠释。在日常生活世界中，无论是客观的描述或主观的诠释，都牵涉到语言的问题，因此日常语言分析及语意诠释，提供了了解客观世界或主观价值体系的媒介。同时在研究过程中，研究者与被研究者的互动关系以及意义的分析与理解，本身就是一种复杂的符号互动过程。[1]

纽曼（Neuman）教授曾经在他写的《社会研究方法：量化研究与质性研究的取向》一书中，将质性研究的特征归纳为六个方面。一是重视社会脉络，质性研究强调从社会脉络了解社会世界的重要性，认为任何社会行动都必须被放在其生活情境脉络中解读，才能了解其真正的社会意义。[2] 所谓社会脉络是指那些包围着质性研究者研究焦点的情境。二是个别研究的价值，质性研究是利用个案研究的方式，进行多元、丰富、广泛的资料收集。这里所谓的个案研究方法，并不一定是指单一个案，还包括少数具有特殊或代表性之个案。三是研究者的诚实。四是以建构理论为目标，质性研究是运用归纳逻辑方法对于过程及问题的研究。质性研究始于研究问题，研究者通过适当的资料收集过程，针对研究现象进行深入的资料收集，再经过资料诠释过程，让资料与理论构成对话关系，研究者以开放、无预设的立场，深入解读资料背后所隐含的意义。所以，理论是在资料分析过程中，通过归纳、比较、对照与分类过程而建构出来的。五是过程和时间顺序，研究者应当重视事件发生的先后次序，从事件发生先后次序，了解行为发生的过程与行为的先后关系。六是意义的诠释，研究者对于资料的诠释是站在被研究者的立场，了解被研究者如何看待世界及如何界定现象与情境，或是致力于了解情境或事件对于被研究者的意义；依据被研究对象

① 陈伯璋：《质性研究方法的理论基础》，中正大学教育研究所《质的研究方法》，高雄丽文文化公司，2000。

② Neuman, W. L.（1997）*Social Research Methods*：*Qualitative and Quantitative Approaches*, Boston：Allyn and Bacon. pp. 331–335.

主观的意识、价值赋予研究资料以意义。[①]

口述档案的采集或研究对象常常是个人、个人的回忆与个人对历史事件的亲身经历,这就要求口述档案的采集对象具有特殊个别经验的特征,此外口述档案采集或研究也包含着"质"的意义,即需要按照一件事物是什么(What)、如何(How)、何时(When)、何地(Where)等"过程"和"意义"进行采集活动。因此可以看出口述档案采集在其学术取向、学术意义、学术方法上,基本和质性研究的要求一致,口述档案具有质性特征。

2. 质性访谈方法

依据以上关于质性研究特点的论述及其与口述档案采集方法特征的大致比较,可以看出访谈法是质性研究最基本的方法,因此口述访谈又称为"质性访谈",就其专业方法论的本质而言,即是一种具有质性研究特征的研究方法。它主要是访谈者运用口述访谈方式,针对某一个或某一群人,对过去社会事件的经验或看法的描述与诠释。最常用的方法,就是运用半结构或非结构的访谈以及人们常用的深度访谈方法,针对过去特定的社会事件或生活经验,进行相关资料的收集、诠释和讨论。

基本来说,访谈法即研究者运用口语叙述的形式,针对特定对象收集与研究相关的资料,力求对所采集的现象或行动有全面的了解。在访谈过程中,访谈者必须创造出一种自然的情境,让受访者能够针对研究专题,充分表达自己的看法、意见与感受。

一位好的访谈者,不仅要懂得在适当的时候提出恰当的问题,同时也要懂得倾听受访者的任何问题,在倾听过程中收集丰富的相关资料以便作为所研究现象或行动的意义的再现。

一般质性访谈具有如下特征。一是有目的的谈话,质性访谈与一般交谈不同,双方是有目的的交谈而并非日常的聊天,访谈者根据访谈目的,设置交谈方式和内容,与受访者进行语言和非语言信息的沟通交流,通过有效的互动达到收集既定资料的目的,以便采集到相应主题口述档案内容。二是双向互动的谈话,访谈者和被访者的整个交流过程,是一个双方有效

---

① Neuman, W. L. (1997) *Social Research Methods: Qualitative and Quantitative Approaches*, Boston: Allyn and Bacon. pp. 331-335.

互动的过程，访谈者通过前期准备，设置开放性且有目的性的提问，通过很恰当的方式切入主题，积极引导受访者能够愉悦、主动、积极地进行沟通交流。三是平等交流的谈话，双方不存在主体与客体、被动与主动，或者是上级与下级、官方与非官方等明显不对等关系，采访者一定要营造出一种轻松活泼、亲切互信的谈话氛围，访谈者与受访者之间是一种平等的关系。由于访谈者并不具有决定受访者权益的权力，所以在整个访谈过程中，受访者可以根据个人意愿接受或拒绝访谈，同时也可以根据个人意愿决定表露的程度。四是积极的倾听，在访谈者通过访谈方式来进行资料收集的过程中，"听"要比"说"显得更加重要，倾听是人类本身就该拥有的宝贵智慧。对采访对象的倾听，会直接影响整个访谈过程的进度或效果，采访者需要专注、投入，认真体会采访对象的情感体验，做到设身处地地理解感知对方的人生经验。采访者不允许轻易打断对方的谈话，要多听、多想、多配合、多体会，但是当谈话内容偏离主题时，又能够及时发现，并巧妙地引导对方回到正题。一般情况下，访谈者的提问，多是为了帮助受访者能够深入了解受访者的社会文化背景，使其充分代入到当时的情境之中，尽可能地提供充分、全面、客观、深度的材料内容，而绝对不是为了直接获取答案而提出问题，这才是访谈者应该关心的重点。

（二）控制论原理

1948 年，美国著名数学家 N. 维纳（Norbert Wiener）出版了他的第一本控制论专著《控制论或关于在动物和机器中控制与通信的科学》（*CYBERNETICS or Control and Communication in the Animal and the Machine*）[①]，标志着控制论的诞生，他用统一的观点观察和理解动物和机器中的信息传递和控制过程具有自动调节和控制的机制。控制论主要是研究系统的功能、运动状态、行为方式及变动趋势，其实际应用目的在于揭示受控对象（受控系统及其子系统）的特性和规律，确定受控系统的可控数据范围、构建控制系统模型、控制系统稳定，使系统按预定目标运行。控制论在前期主要立足于工程技术领域，后期则扩展到生物、生态、社会、经济等领域。

口述档案采集工作属于社会学范畴，其步骤包括：确定采集对象、创

① 孙毅：《控制论与会计控制研究》，天津财经学院硕士学位论文，2004，第 1 页。

建采集主题、筛选相关资料、查找线索、制定实施方案、组建采集团队、实施采集工作、获取采集记录等，如图0-2所示。由此可见，口述档案采集过程是一个信息传递和控制的过程，包含了施控系统（档案部门）和受控系统（采集团队、受采集者），存在施控与受控的矛盾关系，其中控制作为口述档案采集的一项重要职能贯穿采集过程始终，需要根据实地调研信息制定采集方案，再根据采集结果进行信息反馈调整采集方法，以保持口述档案采集系统动态平衡，达成口述档案采集的最优化。口述档案采集的整体控制过程，决定着采集的成败、质量的高低。如图0-3所示。

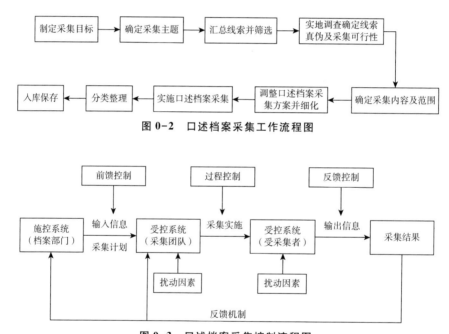

图0-2　口述档案采集工作流程图

图0-3　口述档案采集控制流程图

四　研究方法

本书在大量参与口述档案采集整理工作实践的基础上，综合运用档案学、民族学、社会学、历史学、新闻学等学科理论知识，通过理论分析与实证研究相结合、实地调查与口述访谈相结合、个案分析与归纳总结相结合，系统研究云南少数民族口述档案采集方法的问题，以寻求本研究的突破点。

1. 文献研究法

文献是记录知识的一切载体，它包括图书、报纸、期刊、政府出版物、数据库、网络信息资源等。文献研究法贯穿于本研究的全过程，本书收集和查阅的文献资料分为两个方面：第一，国内外关于口述档案、口述史、非物质文化遗产建档保护、档案管理、采访访谈等方面的论文、著作，政府部门的标准和政策性文件，口述史研究机构等发表的项目报告、研讨会.报告等；第二，国内关于云南少数民族口述档案采集整理、抢救保护等方面的论文、著作，云南省政府部门、档案部门的方针政策文件、统计资料、调查报告、总结报告、讲话材料等。通过不断跟踪学术研究的动态，掌握新信息，以大量的研究文献作为本课题研究基础，系统研究云南少数民族口述档案采集的现状及相关问题，寻找本研究的突破点。

2. 实地调查法

实地调查是掌握第一手资料最准确、最可靠的途径。在选题前和研究过程中笔者多次到云南省档案局（馆）、云南省民族宗教委员会、云南省非物质文化遗产保护中心、大理白族自治州档案局（馆）、大理市非物质文化博物馆等机构进行调研，与相关领导和工作人员沟通交流，查阅已采集和整理的口述档案，对云南省口述档案采集实践取得的成绩、存在的困难和问题有了全面的了解和认识，获得了第一手资料，为本研究打下坚实的基础。

3. 参与访谈法

笔者亲自参与多位受访者的口述档案采集和整理工作，进一步验证了本研究提出的采集整理方法的可行性和科学性，对方法中存在的不足进行了改进。

4. 归纳分析法

对访谈资料和调查问卷进行归纳分析，总结云南少数民族口述档案采集中存在的问题、期望的改进措施等，以期为更好地开展云南少数民族资源建设工作提供参考。

5. 案例法

针对目前口述档案采集工作没有切实可行操作指南的现状，本书根据采集实践，详细提供了采集过程中具有借鉴意义的案例和附件资料，对口述档案采集团队和人员具有工作手册意义。

五 研究意义

(一) 学术意义

1. 有利于民族档案学学科理论的深化和发展

民族档案学是以少数民族档案及少数民族档案工作为研究对象的一门学科①，是档案学一个重要的分支学科，对推动民族档案事业的发展具有重要作用。尽管经过了 30 多年的发展历程，但缺乏系统的理论体系研究作为支撑，导致民族档案学一直处于"大档案"学科体系的边缘，学科化发展进程迟缓，甚至经常被"主流"档案学者责难，处于尴尬的境地。随着档案学者对口述档案认识的不断深化，少数民族口述档案已经成为研究民族档案的一种重要形式，本书以少数民族口述档案采集方法作为研究内容，对民族档案学科理论体系的建构和发展具有理论和方法论的双重学术意义。

2. 有利于弥补口述档案研究的不足

目前我国对口述档案及其相关工作的研究，主要集中在概念、特点、价值、功能等纯理论层面，部分涉及口述档案收集整理、开发利用等实践性的研究也是从宏观层面泛泛而谈，对采集整理业务工作实际指导的作用和意义不明显。本书以民族记忆、文化传承为视角，探讨云南少数民族口述档案资源采集问题，研究内容涉及少数民族口述档案资源建设的顶层设计、采集范围、采访内容、采集方法、转录加工、编目管理等理论与实践问题，并进行系统化和多学科性研究，研究成果对拓展少数民族口述档案研究领域、弥补该领域研究的不足和缺失、指导口述档案资源建设均有较好的学术意义。

(二) 现 实 意 义

1. 有利于为口述档案的采集整理工作提供方法论和操作指南

尽管近年来，各地档案部门为丰富档案资源、改善馆机构，进行了一定的口述档案采集工作，但由于缺乏统一的工作规范，基本上都是摸着石头过河，理论方法研究落后于实际工作。2017 年 8 月 2 日，宁夏回族自治

---

① 张鑫昌、郑文、张昌山:《民族档案学刍议：特征与任务》,《思想战线》1988 年第 1 期。

区档案局发布了《口述史料采集与管理规范》（DA/T 59—2017），对口述史料、口述者、采集者等专业术语进行定义，对采集规划、采集流程、保存、管理、利用等进行了规定，但总体来讲，《口述史料采集与管理规范》（DA/T 59—2017）论述较为宏观，具体工作细化不足。本书坚持从实践到理论，系统梳理和总结口述档案采集整理流程、方法，对每个环节进行细化和指导，可操作性较强，在一定程度上可以成为口述档案采集人员的工作手册。

2. 有利于引起各级政府和社会各界对少数民族口述档案采集工作的重视与支持

积极探索云南少数民族口述档案采集方法，建立既反映各民族共同团结进步、繁荣发展，又反映各民族悠久传统文化的口述档案资源体系，对促进云南地方档案事业发展，服务社会、服务边疆民族问题研究具有实际应用价值。

3. 有利于增强"四个自信"，展示文化强国的魅力

通过采集云南少数民族在经济、民生、社会、文化、生态文明等各个方面、各个领域的口述档案，记录这块高原热土上的重大改革印记和开放发展足迹，研究如何将少数民族的历史和文化真实、有效地留存下来，传给子孙后代，这对当前和今后研究云南各少数民族的历史、制定民族政策、开发民族文化资源、开展民族优良传统教育等方面都具有重大的现实意义和深远的历史意义。

4. 有利于促进少数民族档案管理人才的培养

从理论和方法上指导当前边疆民族地区口述档案资源采集工作，为全国少数民族口述档案的抢救保护起到表率和示范作用，促进少数民族口述档案的科学管理和合理利用，对培养一批口述档案采集整理人才具有重要的意义。

第一章 云南少数民族口述档案概述

对事物的理性认识是开展实践工作的前提，从事口述档案工作也不例外，应从对口述档案的理性认识开始，本章对云南少数民族口述档案的理性认识从概念、种类、特点、价值和作用等多角度进行研究。

第一节 云南少数民族口述档案概念的界定

概念是借助语词反映事物本质属性的思维形式①，在逻辑上，"云南少数民族口述档案"的概念既是一切云南少数民族口述档案理论研究的起点，又表现为一切云南少数民族口述档案现象的历史研究和科学抽象的结果②。"云南少数民族口述档案"是由"云南少数民族"、"少数民族档案"和"口述档案"等概念名词组合而成的复合名词，只有对这些相关概念进行区分和理解，才能科学、全面地定义"云南少数民族口述档案"这一概念。

一 云南少数民族

少数民族是指多民族国家中除主体民族以外的民族。新中国成立后，党和政府为制定和实施民族区域自治，各民族实现平等权利，组织力量对民族名称与族群进行辨别，直到 20 世纪 80 年代末期正式确认中国有 56 个民族，除主体民族汉族以外的其余 55 个法定民族均是少数民族。2010 年末，云南全省总人口 4597 万人，位居全国第 12 位，其中，少数民族人口 1534 万，少数民族人口超过全省总人口的 1/3。世居少数民族 25 个，其中 15 个为云南特有少数民族。云南少数民族的分布特征，是聚居和杂居状态

---

① 中共中央党校哲学教研室：《形式逻辑纲要》，中共中央党校出版社，1985，第 17 页。
② 张鑫昌、郑文、张昌山：《民族档案学刍议：特征与任务》，《思想战线》1988 年第 1 期。

相交织。全省共有 8 个少数民族自治州，29 个少数民族自治县。这些自治州县，便是各民族主要的聚居区，但在同一地区和县域之内，通常又有多种民族杂居；而缩小到存在的范围，又多为单一民族聚居。众多民族在云南共存的状态，与该地区独特的自然文化环境密切相关，云南位于中国的西南角，处在南亚—东南亚文化、中国内地文化和藏文化三个文化区域之间，作为上述三大自然与文化区域间的过渡地带，云南成为不同族群与文化接触、融合的走廊，既与相邻的东南亚半岛北部多民族地区构成一张多元文化的互动网络，又以文化的多样性而显示出自己的特色。

二　口述史料、口述历史、口述档案

"口述"这一研究方法被广泛应用于多个学科领域，如文学、历史学、档案学、新闻学、人类学等，形成了大量的"口述"＋"学科"的概念，由于各学科研究侧重点的不同，相应的概念被赋予了不同的定义。"口述史料""口述历史""口述档案"三者既相互区别又相互联系。

1. 口述史料

口述史料是相对于文字史料（如史书、方志、书信、文书等）和实物史料（如碑刻、墓志、家谱等）而言的一种史料形式，主要指经过口耳相传得以记录下来的民间传说、村规民约、社会歌谣、历史人物讲话、回忆录、访谈录等的原始资料，既包括由当事人记录而成的亲见、亲闻、亲历的口传记忆，也包括他人为当事人的口述所做的记录。口述史料是研究历史和编纂史书的重要资料来源。梁启超曾形象地说"十口相传为古"，意思是许多辗转相传的事情就可以被看成是史料，常言说的"路上行人口似碑""有口皆碑"，也证实说口耳相传的作用与碑文记载具有同样的价值。在文字发明以前，口耳相传是保留史料的基本形式之一。[1] 利用口述史料进行历史研究，历来为史学家所重视，在我国也有悠久的历史。孔子编《春秋》，曾采用不少"所闻"的口述史料，司马迁编《史记》时，"网罗天下放失旧闻，考之行事"，也大量采用了口述史料。

2. 口述历史

目前关于口述历史概念的内涵主要存在两个方面的争论，其一，认为

---

[1]　林珊：《统编本〈中国历史〉（七年级）文字史料运用研究》，上海师范大学硕士学位论文，2019。

口述历史等同于口述史料，如，英国社会学教授保罗·汤普逊认为："口述历史是关于人们生活的询问和调查，包含着对他们口头故事的记录。"① 我国口述史专家杨祥银认为："口述历史就是指口头的、有声音的历史，它是对人们的特殊回忆和生活经历的一种记录。"② 其二，认为口述历史是在口述史料基础上进行加工整理、研究而成。美国著名的口述历史学家唐纳德·里奇在他的口述史专著《大家来做口述史：实务指南》中指出："简而言之，口述历史是以录音访谈的方式收集口传记忆以及具有历史意义的个人观点。"③ 北京大学历史系教授杨立文认为："口述历史最基本的含意，是相对于文字资料而言，就是收集当事人或知情人的口述资料。它的基本方法就是调查访问，采用口述手记的方式收集资料，经与文字档案核实，整理成为文字稿。"④ 笔者较认同第二种观点，口述历史是研究者在对某一历史人物或某一重大事件进行研究时，运用口述访谈的形式收集口述史料，再经过稽核，去粗取精、去伪存真，最大限度地再现历史发展过程的一种历史学研究方法。

3. 口述史料与口述历史的关系

第一，口述史料是口述历史的基础，为口述历史研究提供依据；第二，在口述历史研究过程中二者所处的阶段不同，口述史料在前，是对历史资料的收集和提供阶段，口述历史在后，是对历史进行阐述、分析阶段，是对口述史料的再创作。第三，二者提供的角度不同，"口述史料，是从史料学的角度，特指史料留存的一个种类；口述历史，是从历史学的角度，特指表述历史的一个方式"⑤。

4. 口述档案

尽管目前国内外对"口述档案"这一名词已经广泛使用，但对其定义的角度和具体的表述众说纷纭、各有千秋，笔者在前面已对口述档案概念

---

① 〔英〕保罗·汤普逊：《过去的声音——口述史》，覃方明、渠东、张旅平译，辽宁教育出版社，2000，第22页。
② 继卫：《口述档案》，《档案天地》2019年第3期。
③ 〔美〕唐纳德·里奇：《大家来做口述历史：实务指南》，王芝芝、姚力译，当代中国出版社，2006，第2页。
④ 杨立文：《论口述史学在历史学中的功用与地位》，北京大学出版社，1993，第120~135页。
⑤ 荣维木：《关于口述历史研究中的概念界定》，载周新国主编《中国口述史的理论与实践》，中国社会科学出版社，2005，第56页。

的起源和发展进行了详细的介绍，在此不再赘述。笔者认为既然口述档案作为档案的一种形式已被档案学界广泛认可，那么口述档案的定义也应包含档案的本质属性，即"原始记录性"，笔者将口述档案定义为：将存储在人类头脑记忆中的各种社会实践活动信息记录下来，而直接形成的各种文字、录音、录像等具有保存价值的固化信息。

5. 口述档案与口述史料的关系

口述档案是口述史料的一部分，口述史料的外延要大于口述档案，只有把具有保存价值的口述史料按照档案学标准方法进行加工整理、保管利用才形成口述档案，口述史料与口述档案是包含与被包含的关系。

6. 口述档案与口述历史的关系

既然口述档案是口述史料的一部分，故二者的关系类似于口述史料与口述历史的关系。二者所处的阶段不同，口述访谈阶段形成的是录像、录音及文字记录的口述档案，其目的在于为口述历史研究收集史料依据，口述历史研究最终的结果是形成口述史专著。

三　少数民族档案

"少数民族档案"一词，正式确立于1960年全国少数民族档案工作会议，1987年少数民族档案史料评述学术讨论会上对这一概念进行了深入的探讨。关于少数民族档案概念的认识及表述主要有以下几种。

1. 以少数民族文字书写符号作为界定少数民族档案的标准

云南大学张鑫昌教授等将民族档案定义为：各个时代的一切社会组织及其成员关于各少数民族的具有一定保存价值的各种文字符号的原始记录。又将民族档案分为狭义和广义两种，狭义的民族档案是指以某少数民族文字符号等方式记录和反映该民族自身的历史和现状的原始文献，广义的民族档案还包括利用其他民族的文字或由其他民族形成的有关自己民族历史与现状的各种文字符号的原始记录。[①] 笔者认为，以文字这一记录符号作为少数民族档案划分依据，将导致少数民族档案概念外延范围变窄。我国有55个少数民族，新中国成立前有自己民族文字的只有21个少数民族，而且在这21个少数民族中，景颇族、傈僳族、拉祜族、佤族等少数民族文字是

---

① 张鑫昌、郑文、张昌山：《民族档案学刍议：特征与任务》，《思想战线》1988年第1期。

近代外国传教士创制的，仅在教会使用，没有被少数民族群众接受，东巴文、彝文等民族文字也主要用于宗教活动，一般不用于公务文书。诚然，少数民族文字档案是少数民族档案中的精华，对研究民族文字和民族社会历史具有直接的意义，但仅以民族文字作为划分少数民族档案的界限，将会把没有民族文字和使用汉字的民族形成的档案排除在外，无法包容我国各个少数民族在社会活动中形成的全部档案。

2. 以少数民族地域范围作为界定少数民族档案的标准

龙和铭认为，所谓民族档案，是指少数民族地区过去和现在的国家机关、社会组织以及个人从事政治、军事、经济、科学、技术、文化、宗教等活动直接形成的各种文字、图表、声像等历史纪录，是各个民族在发展过程中所形成的文献资料。这些资料包括用本民族文字和别的民族的文字记载的并能反映一个民族政治、经济、文化等社会活动特点的材料，都可以叫作民族档案。① 笔者认为，我国各民族在长期的历史发展过程中，随着民族的迁徙、交流、融合，形成了大杂居、小聚集的居住状况，按地域范围划分少数民族档案，容易把杂居和散居的少数民族档案、聚居区其他少数民族档案排除在外，此外还人为割裂了民族地区和非民族地区之间往来形成的档案。但按地域范围开展民族档案工作是很有必要的，如 1960 年国家档案局在内蒙古召开了全国少数民族地区档案工作会议，可见民族地区档案工作和少数民族档案是两个具有不同含义的概念。

3. 以记述和反映少数民族问题和内容作为界定少数民族档案的标准

"凡是反映（记述）少数民族历史或针对民族问题而形成的、用各种记事符号表达的、各种形态的原始记录，都应看作是少数民族档案。"② 笔者认为，该划分标准扩大了民族档案的概念范围，这种观点实际上指的是少数民族问题的档案。民族问题历来是关系国家社会政治稳定、经济文化发展的重大问题，历代政权都十分重视少数民族问题。特别是新中国成立后，我国制定了坚持民族平等团结、坚持民族区域自治、坚持发展少数民族地区经济文化事业等一系列民族政策，十九大报告指出："促进各民族像石榴

---

① 龙和铭：《从民族档案的历史形成与应用看建立民族档案学的必要性》，《中南民族学院学报》（哲学社会科学版）1990 年第 1 期。

② 裴桐：《让少数民族档案的花朵盛开——中国档案学会理事长裴桐在少数民族档案史料评述学术讨论会闭幕式上的讲话》，《档案学研究》1988 年第 1 期。

籽一样紧紧抱在一起，共同团结奋斗、共同繁荣发展。"如果把国家在制定、实施民族工作的政策措施和处理民族问题中形成的档案都归结为民族档案，难以在实际工作中划分清楚。

4. 以少数民族的机构和个人作为界定少数民族档案的标准

中国档案学会前理事长裴桐认为："少数民族档案是指少数民族的各种社会组织或某些个人在社会活动中形成的、反映本民族活动的原始记录。"①笔者较为认可该观点，首先，该观点与现行的以档案来源机构为全宗进行分类管理相一致，按照档案的来源，把国家和各级地方的民族事务管理、民族职能机构和民族文化、教育、科研、社团组织以及民族知名人士等的档案作为一种类型，便于少数民族档案的划分与管理。其次，该观点便于对少数民族档案进行直观明了地理解和认识，少数民族档案顾名思义就是少数民族自己的档案，应具有本民族特性，特别是对目前少数民族名人档案、口述档案的管理工作，可以民族为全宗，进行分类整理。

鉴于此，少数民族档案概念应包含两个基本要素：一是少数民族档案应具有档案的基本属性，即原始记录性；二是应具有少数民族的特征。两个要素缺一不可，两个要素共同构成少数民族档案这一概念。笔者将少数民族档案定义为：在各个历史时期，由少数民族的社会组织和个人在社会实践活动中直接形成的，以不同载体构成、不同记录符号表达的各类内容的原始记录。

四　云南少数民族口述档案

我国大多数少数民族虽然有自己的语言但没有自己的文字，各少数民族关于本民族的历史来源、迁徙历程、生产生活、风俗习惯、宗教信仰等民族历史文化，都是靠一代一代言传身教得以延续的，如何将此类优秀的少数民族文化遗产进行收集和保管显得尤为迫切与重要，新的名词"少数民族口述档案"应运而生，少数民族口述档案工作也成为民族地区档案部门的重要工作内容。

目前在公开文献中检索到最早提出"少数民族口述档案"这一概念的

---

① 裴桐：《让少数民族档案的花朵盛开——中国档案学会理事长裴桐在少数民族档案史料评述学术讨论会闭幕式上的讲话》，《档案学研究》1988 年第 1 期。

是王治能老师①；陈子丹、周知勇最早对"少数民族口述档案"进行了定义，"少数民族口述档案是指各少数民族在没有创造自己本民族的文字以前，只能用口头传说的方式去记录发生的万事万物，并通过口耳相传，使本民族的文化遗产得以世代承袭。这种用固定语言记录下来，并通过言传口授，代代相承的各少数民族史实，就是少数民族口述档案"②。之后又有部分学者根据自身的理解和认识，对"少数民族口述档案"进行定义。例如黄琴、华林、侯明昌认为："少数民族口述历史档案是指新中国成立前少数民族在历史发展进程中形成的由少数民族知识分子口耳相传的反映各民族政治、经济、军事、科技、文艺、哲学、伦理、宗教和民俗等方面情况，具有保存价值的口碑历史记录。"③ 黄志洪认为："少数民族口述档案是各少数民族用固定的语言、言传口授的方式，代代相承的各少数民族语言文字、古老仪式、音乐舞蹈、创世史诗、叙事长诗、传说故事等民间文化遗存。"④针对以上几位学者对"少数民族口述档案"的定义，笔者认为均存在不同程度的不足和狭隘性。第一，陈子丹等学者把少数民族口述档案形成的时间局限于"在没有创造自己本民族的文字以前"，而忽略了在汉字成为各民族通用文字之后仍然产生了大量有价值的少数民族口述档案；第二，黄琴等学者把少数民族口述档案的传承者局限于少数民族知识分子，而忽略了广大少数民族群众在口述档案创造和传承中的作用；第三，黄志洪老师把少数民族口述档案的范围局限于民间文化遗存，而忽略了各个时期少数民族官方组织及个人所形成的口述档案。

在参照以上学者观点的基础上，综合"口述档案"和"少数民族档案"两个概念，结合云南省少数民族实际，笔者认为，云南少数民族口述档案是为了记录云南各少数民族在社会实践活动中直接形成的传统文化、重大历史事件和历史人物，通过对传承人、当事人、参与人、知情人进行有计划的采访而整理形成的具有保存价值的口述史料。本书也是在该定义的内涵和外延范围内开展云南少数民族口述档案的采集研究工作。

---

① 王治能：《论收集无文字少数民族口述档案》，《档案学研究》1997 年第 2 期。
② 陈子丹、周知勇：《少数民族口述档案浅论》，《云南档案》2004 年第 2 期。
③ 黄琴、华林、侯明昌：《论亟待保护抢救的云南民间少数民族口述历史档案》，《档案学通讯》2009 年第 1 期。
④ 黄志洪：《口述档案与少数民族民间文化遗存的保护与传承》，《北京档案》2010 年第 2 期。

第一，本书将研究的地域和民族界定在云南省内世居的彝、白、哈尼、傣、苗、傈僳、回等 25 个少数民族。

第二，本书对云南少数民族口述档案采集的内容包括：（1）云南少数民族非物质文化遗产中传统文化表现形式部分，通过传承人的口述或口述表演、身体示范等所采集到的传统文化、民间记忆档案，如：传统口头文学以及作为其载体的民族语言；传统音乐、舞蹈、戏剧、曲艺和杂技；传统工艺美术；传统技艺、医药和历法；传统礼仪、节庆等民俗；传统体育和游艺。（2）云南各少数民族在历史发展进程中的重大事件、历史人物及相关评价。（3）除上述"历时性"的云南少数民族口述档案外，还应记录"共时性"的口述档案，"记录是为了未来而记录历史"[1]，采集当今社会发展中反映该民族某些生活方面的记忆，也是少数民族口述档案的采集内容，既包括大众的、精英的艺术和技术知识，也包括民间的、生活的文化。

第三，关于云南少数民族口述档案的采集对象包括：云南少数民族非物质文化遗产的传承人、掌握者或熟悉者，重大事件亲历者、参与人、知情人，重要历史人物的当事人、见证人。被采集对象者的身份既可以是云南少数民族中的知识分子、历史名人、专家学者，也可以是少数民族中的东巴、毕摩、长老、和尚等精神领袖，更可以是广大少数民族的普通民众。

第四，云南少数民族口述档案采集的目的是为了给后人留下历史记忆，保护与传承云南少数民族优秀历史文化遗产，记录和核实重大事件，"人类进入现代社会，一个重要的人本要求就是对记忆的珍重，对自己的文化、历史记忆的重视"[2]，因此口述档案是记忆和传承民族文化的重要手段。

第五，对少数民族口述档案的采集工作是有计划进行的，本书将管理过程理论中的前馈控制—过程控制—反馈控制三种控制模型引用到口述档案的采集工作中，使口述档案的采集工作秩序化，提高采集质量和效能。

第六，少数民族口述档案采集后期的整理工作必须按照一定的标准，注重操作的规范性，才能形成高质量的口述档案，提升保存和利用价值，促进开发利用工作。口述档案整理内容包括转录、核校、分类、编目等程

---

① 冯骥才：《为未来记录历史——中国木版年画普查总结》，载冯骥才主编《年画的价值——中国木版年画国际论坛论文集》，天津大学出版社，2012，第 11 页。

② 冯骥才：《记忆是重要的精神财富》，《群言》2004 年第 2 期。

序，由于口述档案不同于传统纸质档案，存在采访形式多样、内容真实性与否、载体形式多样、著录信息不规范等问题，综观国内外口述档案工作，采集整理问题已经成为困扰其健康良性发展的主要瓶颈。探索出一套既符合口述档案特点又兼具少数民族特点的采集工作规范，是本书研究的重要内容之一。

第二节　云南少数民族口述档案的种类

对云南少数民族口述档案进行科学有效地分类，有利于推动其采集整理和开发利用等一系列工作的深入开展。根据科学管理和研究的需要，我们可以从不同角度对云南少数民族口述档案进行分类。一是按照载体形式标准，可以分为语音形式口述档案和物化形式口述档案，物化形式口述档案又可分为文字口述档案、录音口述档案、录像口述档案、电子口述档案[1]；二是按照形成的民族标准，可以按云南的 25 个少数民族分为彝族、白族、哈尼族、壮族、傣族、苗族、回族、傈僳族、拉祜族、佤族、纳西族、瑶族、景颇族、藏族、布朗族、布依族、阿昌族、普米族、蒙古族、怒族、基诺族、德昂族、水族、满族、独龙族[2]等 25 类口述档案；三是按照内容主题标准，可以分为历史事件（活动）、历史人物、非物质文化遗产和其他类型口述档案。本书主要对云南少数民族口述档案从内容标准来进行分类阐述。

一　云南少数民族事件口述档案

云南少数民族事件口述档案是指将云南各少数民族通过口传方式流传下来的民族重大事件、重要活动的口述资料，或为核实、补充民族往事、人物，对亲闻者、亲历者进行有计划的采集而成的档案资料。云南少数民族历史事件口述档案，以记述少数民族社会活动中的事件和行动为主。第一，纵观民族发展历程，那些无文字民族或民族文字产生之前，人们主要

---

[1] 徐国英：《云南少数民族口述档案及其保护研究》，云南大学硕士学位论文，2013。
[2] 《人口及民族》，2019 - 02 - 23，http：//www.yn.gov.cn/yngk/gk/201904/t20190403_96251.html。

靠口传来传递生产生活经验、延续民族风俗习惯，这种方式在少数民族中至今仍然流行。如彝族的毕摩、纳西族的东巴、景颇族的董萨、拉祜族的摩巴、哈尼族的摩沛、瑶族的师公或道公等，这些都是少数民族文化的传承人，他们通过代代口传方式传递着本民族的渊源、发展、演变的历史。如，临沧市耿马县佤族人张某某关于勐简大寨"黄佤"历史的口述档案。第二，近现代以来，云南各少数民族在抵抗外来侵略、和平协商土地改革、坚持改革开放、实施脱贫攻坚等重大事件中都留下了浓墨淡彩的印记，用声音记录这些历史，能让历史更加真实地呈现。如，对布朗族岩某某等进行访谈，采集到讲述新中国成立后布朗山发生翻天覆地变化的口述档案。"民族团结誓词碑"的主要参与和见证人——临沧佤族末代王子肖某某口述了半个多世纪以来，阿佤山在党的领导下发生的巨变。

二 云南少数民族人物口述档案

云南少数民族历史人物口述档案，记述在某一领域、行业、学科做出过重要贡献，产生巨大影响，并得到社会和历史认可的云南籍少数民族人物等名人口述或有关名人的口述材料。[①] 云南省档案馆已开展对云南省特有15个民族的第一个厅级、县处级干部，第一个大学生以及非物质文化遗产传承人、民族文化研究者等口述档案的采集工作，如阿昌族第一个大学生赵某某，德昂族第一个处级干部金某某，傣族剪纸国家级传承人邵某某等。

三 云南少数民族非遗口述档案

1. 云南少数民族民间文学口述档案

云南少数民族民间文学口述档案是指各少数民族在长期的社会发展进程中，由代代口口相传的文学作品而构成的口述档案材料，包括各民族创世神话、史诗、叙事长诗、民间故事、童话寓言、谚语等。这些多种多样的民间文学样式，大多是底层民众在漫长的历史长河中，不断积累的生产生活经验，从而内化为文学、艺术作品，尤其是在没有文字记载的远古时期，这些宝贵的远古记忆、经验积累、民族传统能够以口传的形式记录下

---

① 《云南名人档案管理办法》（试行），2009－08－11，http://www.ynda.yn.gov.cn/zfxxgk/zcfg/201610/t20161014_443944.html。

人们的奋斗足迹、文化传承，对于研究各少数民族的历史、文化具有重要的意义。比如少数民族的民族古歌谣，大多形成于远古时期，生动形象地记录了各少数民族先民的生产、劳动、婚恋、祈福和风俗礼仪等方面知识，对于研究各少数民族的远古历史及文化渊源具有重要的借鉴和参考价值。少数民族的民族神话以及民族史诗，大多形成于氏族公社阶段，比较典型的有拉祜族的创世史诗《牡帕密帕》、景颇族的创世史诗《目瑙斋瓦》、阿昌族的创世史诗《遮帕麻与遮咪麻》、基诺族的创世神话《阿嫫腰白》、云南苗族的《洪水滔天》、佤族的《司岗里》、独龙族的《坛嘎朋》、纳西族的《黑白之战》等。这些神话传说或史诗语言朴实，内容丰富，感情质朴纯真而富有哲理，情节曲折生动感人，它们以不同的方式记述了各少数民族在不同历史时期的生产生活状况、文学、宗教以及艺术等。① 少数民族谚语是各族劳动人民对自然现象、社会现象长期观察的艺术总结，如白族讲述做人道理的言语"人心要实，火心要空""不怕巨浪再高，只怕划桨不齐。饭焦没人吃，人骄没人爱"。这些文学口述档案是开展民族文化、民族历史、民族风俗习惯研究的宝贵资料，具有丰富的历史价值和文化价值，部分内容已被收集整理、编辑出版为文学作品和档案编研成果，如《遮帕麻和遮咪麻》《牡帕密帕》《四季生产调》《司岗里》《黑白战争》等 17 项民间文学入选国家级非物质文化遗产代表性项目名录。但相对于云南丰富而璀璨的民族文学口述档案宝库而言，目前已整理和编研的成果只是沧海一粟，大量的民族口头文学仍然以各种各样的形式散存在民间。

2. 云南少数民族传统表演艺术口述档案

云南少数民族传统表演艺术口述档案是指在原生态场景下，将传统表演艺人、传承人以及普通民众所进行的表演活动进行录音、录像、文字记录所形成的档案资料，包括传统音乐、舞蹈、美术、戏剧、曲艺、体育、游艺与杂技等表演活动，以及歌词、台词、服装道具、场景布置、表演程序、表演要领等。云南各少数民族人民能歌善舞，俗话说"会说话就会唱歌、能走路就能跳舞"，传统表演艺术资源丰富、形式多样，截至目前，傈僳族民歌、哈尼族多音部民歌、纳西族白沙细乐等 14 项传统音乐，迪庆锅庄舞、沧源佤族木鼓舞、傣族孔雀舞等 27 项传统舞蹈，花灯戏、壮剧、傣

---

① 徐国英：《云南少数民族口述档案及其保护研究》，云南大学硕士学位论文，2013。

剧、佤族清戏等15项传统戏剧，纳西族东巴画、傣族剪纸、剑川木雕等5项传统美术，以及傣族曲艺章哈、彝族传统体育摔跤已入选国家级非物质文化遗产代表性项目名录。每一项民族表演艺术都蕴藏着深厚悠久的历史文化，是民族文化的表现载体。云南待抢救保护的传统表演艺术还很多，像佤族流传着13种不同样式的民间舞蹈，尤其为人们所熟识的甩发舞为大众所喜爱，表演者披散着头发，前后甩出，或者左右甩出，体现佤族人们崇尚健康、豪爽的追求；此外还有木鼓舞和刀舞等舞蹈形式，随着社会的进步，年轻人中会跳的人越来越少，逐渐被流行舞蹈所取代。被称为"布朗调"的布朗族民歌，分为"索""甚""拽""宰""团曼"等调子，这些传统表演艺术大多在劳作之余和喜庆佳节之际表演，或者男女交往时演唱，在当地是一种普遍的、全族性的活动。

3. 云南少数民族传统手工技艺口述档案

云南少数民族传统手工技艺口述档案是指为传承和保护云南各族人们在历史上创造并以活态形式原汁原味流传至今的传统技艺和技能，包括陶瓷、织染、金属、造纸、酿造、木作、饮食等手工技艺，通过对传承人、艺人、匠人进行有计划的采访，记录下其手工技艺的制作材料、制作过程、制作方法等所形成的录音、录像资料。云南各族人们通过利用丰富的自然资源，汇聚世世代代的智慧和经验，创造出大量技艺精湛、风格迥异、五彩斑斓的手工艺术作品。如傣族贝叶经制作、傣族织锦、傣族象脚鼓制作、阿昌族户撒刀锻制、剑川木雕、彝族刺绣、洱源凤羽砚制作、白族扎染、藏族黑陶烧制、纳西族东巴书画等，这些手工技艺充满了少数民族文化元素、洋溢着浓郁的生活气息，形成独特的民族风格，是千百年来各族历史文化的缩影，折射出民情风俗与审美情趣。如，阿昌族户撒刀锻制技艺是阿昌族在长期的铸造实践中积累下来的宝贵经验，事实上阿昌族对这种技术的使用，可以追溯到唐朝时期，然而随着社会生产力的不断进步，制造水平越来越高，这种技术在现代机械的浪潮下逐渐弱化。在当代，年轻人大多外出求学、工作，阿昌族拥有户撒刀锻制技艺的老艺人也逐渐老去，这种技艺正在逐渐失传，亟待人为地介入给予抢救和保护，以口述档案采集的方式记录整理形成阿昌族户撒刀的铸造工艺及程序。

4. 云南少数民族传统科技口述档案

云南少数民族科技口述档案是指将云南各少数民族通过口传身授方式

而得以保存和延续下来的传统科技进行采集整理形成的档案，包括在长期生产、生活实践中创造和积累的有关自然界和农耕的知识和实践，其涵盖天文历法、农林医药、民居建筑、畜牧养殖等各个领域。例如在医学方面，存在大量以歌谣或传说形式在民间广泛流传运用的医药卫生知识，极大程度地保存着云南各少数民族的医疗卫生保健传统，如白族的本曲子《十月怀胎》、基诺族的《接骨药的传说》等均具有较高的保健和医学价值。① 在天文方面，彝族毕摩的口传经书《十月太阳历法》中详细记载了彝族祖先根据前人对太阳观测的经验，测绘出太阳运行轨道的规律。②

5. 云南少数民族民俗口述档案

云南少数民族民俗口述档案主要是指云南各个少数民族在发展演变进程中形成并世代相传、较为稳定的文化习俗，由本民族的长老、祭司等的口述转化为文字、声像、照片等实体形式的档案资料，其内容包括丰富多彩的节日民俗，热闹喜庆的婚庆典礼，肃穆庄严的丧葬礼仪，庄重神秘的祭祀仪式等。③ 这些民俗伴随着民族的产生而产生、民族的发展而发展，渗透在民族生产生活的各个方面，是一个民族文化的沉淀和积累，展现着每个民族的独特个性，而这些丰富多彩的礼节、礼仪和流程主要为当地的司仪、祭师、长老等所熟知，通过口耳相传代代流传下来。比如大理白族的春节祭祖仪式，他们一般是以家族为单位，农历腊月二十九，一家人抓两到三只公鸡，先拿着活鸡去宗祠祭拜超度，返回家开始宰鸡，用大锅炖鸡，待七分熟时取出，进行装饰，用一根竹筷将鸡头撑起，形成昂扬的模样，再去宗祠祭拜。全程分工明确，有人负责杀鸡，有人负责生火架锅，有的负责装饰，整个过程有条不紊。孩子们年小，尚且不懂其中的缘由，但是这个仪式每年都进行，看的多了，耳濡目染，自然就能明其理。在整个春节祭祀活动中，家族成员各司其职，早已把它看成一种使命和责任，一种民族文化的传承，中年及以上的当地白族百姓，都很认真虔诚地在做着，并且能够意识到，这种一年一度的春节祭祀，就是为了传承本民族的文化之根。

---

① 徐国英：《云南少数民族口述档案及其保护研究》，云南大学硕士学位论文，2013。
② 华林：《西南彝族历史档案》，云南大学出版社，1999，第19页。
③ 徐国英：《云南少数民族口述档案及其保护研究》，云南大学硕士学位论文，2013。

6. 云南少数民族宗教口述档案

云南少数民族宗教口述档案是指通过采访云南各少数民族的宗教人士，挖掘和记录各民族文化中所蕴含的宗教文化因素，而形成的文字、录音、录像等具有保存价值的原始文献资料。基本上云南的每个少数民族都有其自己的宗教信仰，当然这种宗教信仰的成分是比较复杂的，有的是源自本民族的历史渊源，也有的是从汉族或其他国家传入的外来宗教，还有的是外来宗教文化与本民族原始宗教的融合。我们这里谈论更多的是各少数民族自己的本民族原始宗教，这些宗教文化主要体现在各少数民族的宗教性活动中，比如婚丧嫁娶、占卜祈福等，在这些活动中，逐渐产生了大量的经文，这些经文有些是以文字的形式记录保存下来，也有的是通过本民族的毕摩、长老、年老艺人等口口相传。档案工作者的使命便是将这些口耳相传的宗教经文采集、记录、整理成册，形成研究民族文化及宗教的重要的参考文献。

7. 云南少数民族伦理道德口述档案

云南少数民族伦理道德口述档案是指将云南各少数民族在生产生活进程中约定俗成、自觉遵守的道德规范、行为准则和伦理思想①，通过对口述者的采访而形成的档案资料，其内容包括社会公德、会社规约、议事合同、兴教公约、生态伦理、禁忌伦理、性爱伦理等方面。由于云南很多少数民族没有文字或文字出现较晚，导致大量民风民俗、伦理道德规范无法以文献资料形式保存下来，而是通过一代代口传方式流传的，这些内容细化到日常生活中应该遵守的条律、待人接物的礼俗、伦理道德的故事和先祖教诲子孙的训言等。② 有学者曾发现过一些彝文乡规民约碑刻，如武定县法窝乡的大西邑有一块"乡规民约碑"，现已经字迹模糊，无法清晰辨认全文，据当地彝族老人讲，碑文的大致意思是"共同保护乡土，抵御外人入侵"，此外还有分多村的"咪哩莫山界碑"、新平县的"雨勺彝文水文碑"等。③ 再如勒墨人传统道德中规定，"即使主人不在家，客人也可以进屋找吃的，吃完后收拾好碗筷，日后有机会再向主人告知就可以了"。从这些村规民约

① 徐国英：《云南少数民族口述档案及其保护研究》，云南大学硕士学位论文，2013。
② 徐国英：《云南少数民族口述档案及其保护研究》，云南大学硕士学位论文，2013。
③ 黄珺：《云南乡规民约大观》（上），云南美术出版社，2010，第8页。

中可以看出云南的各少数民族的人们具有热爱自己家园、团结和睦、淳朴善良、热情好客的传统美德，这些不成文的伦理道德规定，潜移默化地约束着民族成员的思想和行为，成为各民族成员自觉遵守的行为准则，确保民族村寨的安定团结、社会稳定、井然有序，它也成为我们了解云南少数民族生产、生活、习俗、伦理的重要资料。

第三节　云南少数民族口述档案的特点

云南少数民族口述档案除具有一般口述档案的特点外，同时还具有云南民族区域特点。

一　民族性

所谓民族性就是每一个民族都有自己固有的特殊性，一个民族的历史传统、现实生活本身具有不同于其他民族的显著特征，这也是一个民族赖以形成的基础。斯大林说"每一个民族，不论其大小，都有他自己的、只属于他而为其他民族所没有的本质上的特点、特殊性"[1]。因此，民族性一定是云南少数民族口述档案的首要特点，也是云南少数民族口述档案最显著的特点。云南少数民族口述档案是直接扎根于云岭大地的生活土壤中，从它产生的那天起，就与这个民族保持着血肉般的联系，它不仅直接反映了整个民族的历史和现实，还直接反映了这个民族人民对生活的态度、思想、感情和愿望，其外在表现为民族节日庆典、婚丧嫁娶、民风民俗等形式。如，在节日上有傣族的泼水节、彝族的火把节、景颇族目瑙纵歌、独龙族卡雀哇节、怒族仙女节、傈僳族刀杆节等；在服饰上有白族的百节鞋和三滴水、傈僳族的百花裙、傣族的筒裙、阿昌族青年男子的筒帕等。这些不同的节日、服饰、礼节、风土民情表现出不同少数民族的民族风采及独特魅力，演绎着各少数民族迁徙、繁衍、融合与发展，凸显出各民族不尽相同的文化底蕴与历史渊源，体现了各少数民族对不同文化层面的心理需求和社会需求。[2]

---

[1]　斯大林：《马克思主义与民族、殖民地问题》，人民出版社，1953，第 381 页。
[2]　徐国英：《云南少数民族口述档案及其保护研究》，云南大学硕士学位论文，2013。

二　集体性

1. 创作的集体性

云南少数民族口述档案由各族人民集体创作产生，任何民族的神话传说或是史诗、民歌，都不是由哪一个个体所创作，也就不为哪一个个人所私有，它完全是集体长期创作的结果，是整个民族集体智慧的结晶，比如景颇族关于"目瑙"的传说，现有的资料就有三个不同、大同小异的传说故事，这就说明民间文学作品绝非一时一地一人之作。

2. 修改的集体性

云南少数民族口述档案是依靠集体的力量修改完善的，也就是说，它的修改权也是属于集体的。由于口述档案是口头集体创作，口耳相传、言传身受、传无定谱，所以它总是在流传过程中通过转述者本人的思想和愿望而不断地加工和修改，口述档案正是经过这种锤炼后的产物。

3. 传播的集体性

云南少数民族口述档案集体创作的过程，也就是它集体流传的过程，没有集体流传，它也就不复存在。流传的集体性往往表现出一段历史、一个作品、一项技艺、一项民俗的生命力，只要它反映少数民族的社会生活，表达了少数民族人民的思想和愿望，就必然在各族人民群众中流传开来，集体流传使许多作品得以保存和发展。在流传过程中又伴随着集体的创作和加工，所以流传中增加了丰富的内容。

4. 采集的集体性

正是由于口述档案是集体创作、集体修改、集体流传，大量少数民族口述档案是通过广大民族群众的社会活动展现出来，直接传递给观众的，在传递给观众时，往往还会有互动，如表述中的语言交流等，为了保证口述档案的"原生态""原汁原味""真实客观"，因此笔者在进行口述档案采集时既要对主要亲历者、当事人、传承人进行采访，也要对普通参与者、知情人、广大民族群众进行采访；既要记录事件经过，又要记录大众对事件的评价和感受；既要记录民间文化遗产传承的内容、程序，也要记录文化遗产的"弦外之音"。

三 口头性

在人类社会的洪荒时期，没有文字，人类的祖先为了能把对客观世界的认知，自己的来历，同自然界的抗争。与各种力量的冲突、较量等记录和保存下来，只能以言传口授的方式代代传述。云南少数民族口述档案便是将各少数民族的历史记忆以各种各样的形态用口耳相传的方式传承下来。无论是各少数民族的民歌民谣、神话传说、史诗格言，还是其节日庆典、风俗习惯、丧葬祭祀礼仪，抑或医药秘方、传统工艺技巧等，都根据内容的不同自然而然地以口头形式传承记忆。"这种用'民间语言'构成、有别于官方正史记载的历史'文本'，犹如人类文明进程中不经意间留下的活化石，是一种不可再生的文化资源。"① 具体来讲，云南少数民族口述档案的口头性特点表现在如下三个方面。

1. 口语化

云南少数民族口述档案是一种耳提面命，口传的档案，它的形成直接来自各少数民族群众的口头语言、民族语言，所以口语化特色显著。在民间文学中像彝族创世史诗《查姆》、景颇族创世史诗《目瑙斋瓦》等大型作品，用词较为典雅，但较难懂，需由专业的"毕摩""斋瓦"演唱，而绝大多数作品基本上是以口语化的语言形式来表现的，凝练地总结出了生活的经验和做人的道理，谁听了都能马上记住，然后再随口说出，同时，这也是各类民间口述档案流传所要求的，如果语言过于典雅、拗口、晦涩或修饰过多，听的人记不住，也就不愿意听，那么口述档案也就无从流传了。

2. 生活化

云南少数民族口述档案直接取材于各族人民的生活，产生于普通劳动人民在长期生产生活中的经验和见解，反映的是各族人民的思想感情、愿望价值、经验总结，加之它是一种口头和肢体的创作，所以它对生产生活的反映是非常及时和便捷的，生产生活中所发生的事件，会马上付诸形象化的表达，这也决定了口头语言始终紧密伴随云南各族劳动人民的生活，也只有这样，大量的少数民族口述档案才能靠口耳相传保存至今。

① 张志东、徐国英：《云南少数民族口述档案的理论梳理》，《兰台世界》2015 年第 14 期。

3. 口述化

少数民族口述档案的采集方法和过程是由受访者通过口述和活态表演等形式完成的，它是口述档案的本质要求。由口述转化成的文字、声像等载体形式档案资料，图文并茂、生动形象地展现云南少数民族历史、文化的本来面貌。

四　多样性

云南少数民族口述档案内容丰富、种类繁多、涉及面广、历史悠久，几乎囊括了各少数民族背景渊源、历史脉络、政治、经济、文化、宗教、科技、医疗、建筑、服饰、风土民情、婚丧嫁娶等各个方面和不同领域。全景式地反映了各个少数民族的产生、发展以及传承演变。以哈尼族为例，在民间文学上，有反映本民族迁徙历史的史诗《哈尼阿培聪坡坡》，有教化风俗、规范人生的百科全书《哈尼哈吧》，有反映本民族斗争精神的《哈尼祖先过江来》《洪水记》，还有专门用来举行丧葬活动的祭经《斯批黑遮》；[①] 在天文历法上，哈尼族将全年分为三季，"造它"为冷季，"渥都"为暖季，"热渥"为雨季，每季四个月；在音乐舞蹈上，乐器有三弦、四弦、巴乌、笛子、响篾、葫芦笙等，其中"巴乌"是哈尼族特有的乐器，舞蹈有"三弦舞""拍手舞""扇子舞""木雀舞""乐作舞"等；在传统体育项目上，有独绳秋千、打陀螺、抢拔竹签、篾帽舞等；在传统节日上，有六月年（苦扎扎）、耶苦扎、扎勒特、十月年、嘎汤帕节等。[②] 这些内容多样的哈尼族口述档案为我们研究该民族的民风民俗、宗教哲学以及古代历史提供了丰富的资料，具有重要研究价值和现实意义。

第四节　云南少数民族口述档案的价值

近年来，价值论问题越来越成为学界关注的焦点，对价值论的研究也在不断地拓宽和深化。云南少数民族口述档案研究既是一个理论性的研究课题，更是一个实践性课题。因此，在理论研究基础上对其应用价值进行

---

① 徐国英：《云南少数民族口述档案及其保护研究》，云南大学硕士学位论文，2013。
② 徐国英：《云南少数民族口述档案及其保护研究》，云南大学硕士学位论文，2013。

分析也是非常必要的。"价值是客体中所存在的对满足主体需要、欲望、目的的效用性,是客体对主体的效用"①,这是目前对价值较为通行而具体的表述,下面,我们从这种"主客效用关系"模式来阐述云南少数民族口述档案的价值。

一 社会价值

首先,云南少数民族口述档案以及它所形成的社会文化环境,是依附于各少数民族语言、文学、艺术、手工技艺、传统节日等载体的民族精神的长期积淀,它与社会主义核心价值观是一脉相承、同向同行的。它不仅为社会主义核心价值观提供更多的支撑元素,也为构建社会主义和谐社会提供强大的精神动力和智力支持,它在长期的社会发展过程中,不断协调、整合各少数民族力量,进而强化为国家的向心力和凝聚力,能有效促进社会主义核心价值体系和社会主义核心价值观在云南边疆民族地区的实践。其次,云南少数民族口述档案充分挖掘了民族资源和宗教资源,全面展示着云南各民族文化和宗教文化在云南发展中的历史作用及其现实意义,实现尊重民族文化、民族宗教自由,有利于民族团结、社会稳定、宗教和谐。

二 历史价值

由于云南各少数民族中仅有纳西象形文、彝文、藏文和傣文 4 种文字历史悠久,流传较广,其他民族或没有本民族文字、或本民族文字出现较晚、或本民族文字使用范围较小,形成的文本形式的民族历史记录几乎为零,汉文典籍对云南各少数民族记载也是似是而非、若有若无、蜻蜓点水,那么是不是就无法了解和研究各少数民族的历史了呢?答案是否定的,内容丰富和形式多样的民间文学口述档案是少数民族社会现实生活的折光,从中我们可以大致了解到各民族不同历史时期的情况,形象生动地听到各民族历史前进的脚步声,我们甚至可以说,云南各少数民族正是通过民间文学这一有效而形象化的方式保存和传播自己历史的。例如,《目瑙斋瓦》是景颇族的创世史诗,据有关专家研究,《目瑙斋瓦》滥觞于原始社会父系氏

---

① 王海明、孙英:《几个价值难题之我见》,《哲学研究》1992 年第 10 期。

族时期，是景颇族先民祭祀天神、太阳神的祭词，长 8900 行，分为 6 章。《目瑙斋瓦》对景颇族诞生、迁徙、原始宗教起源、婚姻制度演变、山官制度产生及民族交往等均有记载，其内容囊括了景颇族的政治、历史、哲学、文学、艺术、习俗、伦理道德等各个领域。在《目瑙斋瓦》中提到景颇族作为古代氐羌族群的一部分，是从北向南迁徙的民族，迁徙路线以及迁徙路途中的一些地名、江河名称，如江心坡、恩梅开江、迈立开江等都存在或有踪可寻，可见这些都是真实可信的。由此可见，云南少数民族口述档案中，长期流传并演变的原始歌谣、原始神话以及各少数民族史诗，记录了各民族的起源、发展、传承、演变；记录了各民族对本民族、对自然、对社会的认识过程；记录了各民族历史、地理、文化；反映了各民族在这一过程中不断地认识自然、改造自然；反映了他们的部落矛盾和战争，以及在各种斗争中的融合过程。这些重要的口述资料对研究少数民族的历史具有重要的佐证和参考价值。

三　文化价值

一个民族区别于其他民族，在一定程度上是由于文化差异决定的，而这种文化差异表现为该民族在长期历史进程中逐渐固化，并表现为本民族人们共同遵循的民俗、代代传承的手工技艺等。各少数民族所特有的民俗，包括衣、食、住、行、婚、生、葬、嫁、娶、节日、集会等，均是民族文化的重要组成部分，蕴藏着民族的文化基因、精神特质、价值观念，最能体现民族特色，是研究少数民族传承文化的重要资料。积极搜集、研究流传于广大人民群众之中的传承的生活和文化现象，对提高民族自信心，继承和发扬民族文化的优良传统，增强各民族之间的相互了解与友谊，对移风易俗、建设社会主义精神文明都有着十分重要的意义。而"土得掉渣"的手工技艺随着时代的发展，它的使用价值随着岁月积累早已失去了往日的光彩，但是它的文化价值，却随着时代的变迁而愈加弥足珍贵。这些带有文化记忆的少数民族口述档案是各民族的历史、文化的载体，承载着各少数民族人们在不同历史阶段、不同发展时期的宗教信仰和进取精神，是各民族的文化符号。总之，云南少数民族口述档案是各民族文化的承载形式，也是民族文化主权的凭证，起着增强民族自信、凝聚民族精神、汇聚民族智慧、激发民族斗志、维系民族安全的重要意义。

四 教育价值

云南少数民族口述档案是一个民族生产生活的直接反映，其内容既有对社会经验、生产知识的总结，又有对一个民族伦理道德观念和行为准则的反映，具有鲜明的教育价值。它不仅具有向后代传授劳动生产知识和社会经验的作用，还具有教育族人如何遵守社会道德规范和准则的作用，它是各少数民族人们学习本民族历史、缅怀祖先、传承文明和生产生活经验、建立正确的民族风俗和社会风气的指向标。例如不少民间文学是劳动生产知识和社会经验的直接总结，在民歌和谚语中尤为突出。如谷子怎么种，庄稼怎么收，房子怎么盖，长刀怎么打等，在很多民歌中都有具体的描绘和叙述。在没有文字记录的漫长岁月里，劳动生产经验和社会经验这类民歌就起到了向下一代传授劳动生产知识和社会经验的特殊作用。当春播季节到来的时候，人们便唱起《种谷调》，催促人们抓紧春耕：米吱吱——，布谷鸟叫夏天到，山上山下有水了，塘子里装得满满的，快快放水呀把田泡，泡烂泥巴栽秧苗。当秋收季节到来时，人们又唱起《秋收歌》：咪哎依——，下了露水谷子黄，割谷子要挑好时光，黄一把呀割一把，莫拖延呀快割完。这样的民歌不但抒发了人们春耕秋收的喜悦，还告诉人民相应的农时节令，既形象生动，又富于情趣。彝族的叙事长诗《阿诗玛》，塑造了两位美好的艺术形象，一个是善良、美丽的彝族姑娘阿诗玛，她是彝族人心中美好女性的化身[1]，一个是勇敢、正直的彝族小伙阿黑，他是彝族人心中美好男性的化身。这首长诗歌颂了两个人的美好爱情，为人们树立了美好爱情及婚姻的典范，赞美了勤劳勇敢、坚贞不屈的品格，对人们追求爱情、建立婚姻关系具有积极的导向和教化作用。这些大量存在的民歌、民谣、民间故事、民族史诗等民间文学样式，充实和丰富着云南少数民族口述档案的内容，既有利于人们深化对本民族优秀文化的理解和认识，又有利于人们继承和弘扬中华民族传统美德。

五 审美价值

审美价值是在审美对象上能够满足主体的审美需要、引起主体审美感

---

[1] 徐国英：《云南少数民族口述档案及其保护研究》，云南大学硕士学位论文，2013。

受的某种属性。人类的审美意识产生于生活实践和劳动实践，美感是人类在社会实践中逐步发展起来的，同时人又是"按照美的法则来造成东西的"，各类云南少数民族口述档案的美，包括所记录历史人物的美、历史事件的美、以及按照美的规律、人的审美需求创造的物质产品美和精神产品美。它来自各少数民族人民的生产和生活，源于少数民族人民美好的情感和愿望，体现着一个民族的审美情绪和审美观念。如在景颇族的田间地头经常听到男女的情歌对唱，传达了一个民族崇尚劳动，热爱生活，追求爱情的美好情感，不论是唱者还是听者，都能从中得到美的享受，想起自己幸福的生活。阿昌族男性佩戴的户撒刀，由纯粹的生产工具和战斗的武器演化为体现男子阳刚之美的佩饰，一些舞蹈由表现劳动生产、战斗场面，演化到为愉悦情感而再现的舞蹈场面等。少数民族人物在国家建设、社会发展中所展现的乐观坚强、正义勇敢、德才兼备等美好品质，同样是一种审美体验，让我们的生活充满温情，让生命更有温度。

六　经济价值

云南少数民族口述档案中，有很多是涉及各民族在生产及生活实践中，逐渐形成并完善的宝贵知识、技能、经验以及传统手工技艺，也有很多传统的音乐、曲艺和舞蹈等艺术形式。这些知识以及技能经验延续了千百年，展现了强大的生命力和文化活力，但是由于历史变迁、社会发展，很多正在逐渐失去其生存的土壤，其原有的功能也在逐渐减退。事实上，少数民族口述档案中很多元素，如传统手工艺及艺术表演等本来就具备市场交换价值，在市场经济条件下，适度开发这样的少数民族口述档案资源，将口述档案中蕴藏的少数民族文化资源，加以记录整理，并精心打造，使其成为本民族的文化产业，挖掘其中的经济价值，并通过政府及各有关部门的政策倾斜，服务于本民族地区经济发展。这样一来，不仅有助于提高民族地区生产力水平，也有助于对当地的口述档案进行切实的保护与传承。除此之外，少数民族口述档案也可以为旅游餐饮、文化服务、手工艺术、服装服饰、民族医药等产业的发展提供智力支持和直接产品，不仅为民族地区创造经济效益，也向外界传播和弘扬了民族文化。

第五节　云南少数民族口述档案的作用

一　弥补历史文献记载不足

导致少数民族政治、经济、历史、文化等文献记载不足的原因，一是由于民族文字出现较晚或没有自己的民族文字，新中国成立前许多少数民族没有自己的文字，如哈尼族、拉祜族、景颇族、怒族、独龙族、基诺族、佤族等民族，曾以刻木结绳记事或传递消息。居住在怒江峡谷的怒族，当地土司、设治局传递公事，派伕派款、村寨械斗、买卖奴隶和土地等，均以刻木为凭。部分民族虽然有自己的民族文字，但本民族文字没有得到统一使用，如西南彝族支系众多且分布广泛，各支系的迁徙史、各村寨的发展史、各家族的兴衰史大多没有详尽的文献记载，他们关乎自己本民族的一切历史、文化、宗教、艺术、风俗习惯、传统手工技艺，大多没有文字记录，都是世世代代口口相传。由此，在长期的历史变迁过程中，尤其是在社会发展日新月异的今天，很多口耳相传的形式或失传或濒临失传，或者残缺不全，或者后继无人。二是以前档案收集主要是以党政机关、事业单位的文件材料为主，而以记录广大人民群众为主体的社会活动档案收集较少，导致大量社会活动没有完整的记录。口述档案的采集及其研究，弥补了这一缺陷，口述档案除采集伟人、名人、上层人士口述外，还采集普通人民群众的口述档案，让老百姓讲述自己的故事，从而让人民的声音成为时代交响曲的重要组成部分，形成了口述档案访谈对象的开放性与多元化格局，我们对少数民族各阶层人士进行口述档案采访，收集整理这些历史记忆，并将其固化为档案保存和记录下来，有效弥补了文献记载的不足。

二　抢救少数民族文化遗产

云南少数民族口述档案蕴含着丰富的民族文化资源，包括语言、文字、文学、艺术、手工技艺等，它们是存留在各民族人民记忆中的文化烙印，它们通过语言这一重要媒介得以口耳相传，但是人脑的记忆是有限的，有可能转瞬即逝；加之社会的进步、时代的发展、各民族之间的接触与融合，各少数民族地区的年轻一代大多接受了新的观念、新的思想、新的文化和语言，他们不愿意再接受和传承这些丰富的文化遗产，甚至认为这些遗产已经过时、不能带来任何经济价值，这些本民族口述记忆后继无人的现象也极为普遍。与此同时，一些本就为数不多的文本文献，也有的因为社会的动荡而遭受破坏甚至销毁。此外，云南少数民族口述档案中的石刻、碑刻等文字记载也随着岁月的流逝不断风化逐渐模糊，加之我们的保护意识淡薄，保护手段单一、落后，有些碑文已经无法辨认甚或了无痕迹，只留下一块块光滑的石块在历史的滚滚红尘中无助地叹息。这些或毁坏、或风化、或消失的少数民族文化遗产，既是少数民族自身的损失，也是国家和民族的损失。我们必须留住这些如此美丽而璀璨的文化遗产，为后人留下美好的民族记忆。目前通过口述档案方式对历史文化遗产进行抢救和保护是最有效、最直接的方式，口述档案运用文字、声音、图像等多种形式对文化遗产传承人进行访谈，能较为全面立体、惟妙惟肖地再现文化遗产所蕴含的各个细节和因素，将文化的过去、现在和未来进行时空联结，增强民族文化的记忆力和生命力，实现民族文化遗产的传承和保护。

三　提供民族问题研究资料

比起安静地存放在档案馆、被动地等待人们翻阅查看的纸质档案，口述档案能够更加直观、生动、形象地重现文本的场景、话语语境及访谈内容全过程的原貌，真实地再现事件的起源、发生、发展，最大程度还原当时当地的人物、故事、环境，口述的内容不一定具有典型意义，但一定是真实、生动、具体、形象的。通过访谈记录获得的新史料，比起官方的文件、材料、信息，更加贴近人民的生活实际，更加真实地反映底层民众的日常，更有利于正确全面客观地展现少数民族地区民风民俗、宗教礼仪以及历史传承。有针对性地对相关人士进行访谈，认真记录他们的口述内容，结合纸质档案材料及历史文献，进行分析比对，追本溯源事件的始末，对某些历史事件和人物的细节是重要的补充和印证，可以立体、清晰地还原事实的真相，从而为民族问题研究提供宝贵的第一手资料。

四　丰富馆藏改善馆藏结构

我国有迹可循的档案记录最早可以追溯到夏商时期，在漫长的历史发展进程中，尽管档案机构及其档案史料名称不断演变，但统治者对档案的保护意识从未间断，档案机构功能不断完善，档案收藏内容不断丰富和充实，就其馆藏内容来看，仍是为统治阶级利益服务的，档案馆藏以统治阶级往来文书、重要文献典籍、历史文献、官修正史，很少涉及普通民众，很少记录百姓的生产生活、民风民俗等更广阔而真实的社会领域，而这些恰恰是我们最可贵最真实的社会印记。近年来，随着我国档案事业的不断发展，很多档案部门纷纷抓住时机，紧跟时代步伐，改善管理水平，丰富馆藏内容，尤其随着"口述档案"的兴起，我国档案部门积极学习、引进先进的理念、技术，立足于本民族、本地区文化特色，努力探索口述档案的工作方法，尝试着收集整理本地区、本民族的文化和社会记忆。云南是一个少数民族聚居的地区，丰富多彩的民族文化蕴含着多种多样的口述档案资源，对这些散存于民间的口述档案资源进行采集、记录、整理、保护和开发利用，不仅能够从馆藏内容、档案载体、特色优势等方面弥补长期以来我国文书档案的短板，而且也是档案部门的责任和社会的使命。

五 促进档案编研事业发展

正如档案馆所收藏的档案内容长期以来都是以官修正史为主一样，以往档案编研工作的落脚点也一直是致力于满足官方或者专家的需求。近年来，随着我国档案事业的发展，档案编研工作也逐渐关注着人们的精神文化追求，比如地方特色的历史、文化、民风民俗等。云南是一个少数民族聚居的地区，这里蕴含着丰富多彩的民族文化，因此具有浓厚地方特色的少数民族档案编研工作就显得尤为重要。民族档案包罗万象、纷繁绚烂，涉及人类学、旅游学、民族学、文学等多学科密切交叉，档案编研的内容、形式、成果也都是多种多样的。档案工作者从档案室走出去，投入到广阔的社会空间，面向社会众多领域，与相关部门紧密合作，携起手来，拓宽档案编研形式的方式方法。此外，通过定期举办图片展览、在线展览、网上展厅、互动平台等形式对编研成果进行推广推介，扩宽宣传渠道，让档案活起来、走出来、传下来，让更多的大众了解、认知档案，人人了解档案、人人关心档案、人人愿意保护档案，起到更好的宣传教育、普及和传承作用。总之，云南少数民族口述档案形式多样、内容充实、采集过程可视化，综合利用众多传播载体，不断吸引和满足人民群众的需求，促进档案编研事业更进一步发展。

六　服务区域经济文化发展

云南少数民族口述档案作为云南各族人们的特殊历史记忆，积极服务于云南地区经济文化建设，服务于"三个定位"的战略布局。第一，为创建"民族团结进步示范区"提供证据支撑，云南少数民族口述档案记录着云南各民族人民维护国家统一、共同抵抗外来侵略、国家高度重视民族关系问题、脱贫攻坚等历史事实，展示了社会主义制度的优越性；第二，为争当"生态文明排头兵"提供历史借鉴，云南少数民族口述档案中记录着大量的人与自然、人与人、人与自我的内容，不管是祭祀、宗教性的民俗，还是农事性的技能，都可以从中获得处理生态关系的智慧；第三，为建设"面向南亚东南亚辐射中心"提供文化素材，云南少数民族口述档案记录了云南各民族优秀的文化，为面向南亚东南亚国家讲好"中国故事"，宣传好"云南元素"奠定坚实基础。

第二章　云南少数民族口述档案的采集现状

第一节　云南少数民族口述档案
采集的探索与实践

一　启动口述档案采集国际合作项目

近年来，云南省档案局与新加坡国家档案馆不断扩大交流与合作，学习和引进新加坡对口述历史档案的采集经验，将其先进的理念和技术方法运用到云南少数民族口述档案的抢救保护工作中，这一举措，被誉为"云南档案界对外合作交流的典范"。其系列活动和措施可以概括为以下几个方面。

1. 中新两国签署备忘录

2009 年 10 月，新加坡国家档案馆与云南省档案馆签署了《新加坡国家档案馆与中华人民共和国云南省档案局口述历史合作项目》，新加坡国家档案馆以提供培训、介绍经验的方式，协助云南省档案馆开展少数民族口述档案的抢救保护工作，自此云南省开启了抢救保护少数民族口述档案的新局面。①

2. 中新两国合办培训班

2010 年 3 月，经国家档案局批准，云南省成为抢救保护少数民族口述历史档案的试点地区。② 2010 年 7 月，由国家档案局和新加坡国家档案馆联合举办的"抢救保护云南少数民族口述历史档案培训班"在昆明开班，全

---

① 殷俊艳：《抓住"桥头堡"战略机遇 谋划中新合作新模式》，《中国档案》2010 年第 11 期。
② 陈建东：《云南省被国家档案局确定为抢救保护少数民族口述历史档案试点地区》，《兰台世界》2010 年第 7 期。

省 200 余人参加。① 此次培训班在扩大中国和新加坡文化交流与合作的同时，有效地推动了各民族文化的相互借鉴、交流与和谐发展。2011 年 10 月 10~24 日，云南省首批 14 名档案工作人员赴新加坡，参加其国家档案馆举办的"口述历史档案管理与研究强化培训班"，此次培训为期 15 天，云南省档案局在全省档案系统范围内，选派优秀工作人员赴新加坡学习交流，取长补短，借助外国智力资源，进一步开阔视野、拓宽思路，这在提高全省档案工作者业务技能和工作水平上，迈出了历史性的一步，在全国档案系统内也极具影响。② 此后，云南省档案局又先后两次，安排业务骨干赴新加坡进行口述历史档案强化培训。

二 形成档案系统内部协同采集机制

近年来，云南少数民族口述档案的采集工作不断推进，在试点工作、实地调研和理论研究的基础上，不断总结经验，积累成果，云南省逐步形成了科学规划、明确目标、协同合作、经费支持、人才保障、协调监督、成果汇总、项目考评等一整套有效的工作机制，有力地提升了云南少数民族口述档案抢救保护工作的质量和水平。

1. 科学规划

由云南省档案局，根据国家和区域政策，统一制定工作规范和工作要求，制定宏观和微观目标，规划长期和短期工作任务，并逐级分解。在此基础上，为采集工作的顺利实施提供必要的技术和设备支持。与此同时，调拨少数民族口述档案抢救与保护专项经费，为后续采集整理工作提供经费保障。

2. 明确目标

在云南省少数民族口述档案抢救保护工作的统一部署下，计划完成 25 个云南世居少数民族口述档案采集工作，这是一项长期目标。为此设立可行性的短期目标，具体为：根据云南少数民族的人口分布、地域特点、受访人身体年龄状况、不同民族差异性等诸多实际因素，确定轻重缓急，分

---

① 杜青：《抢救保护云南少数民族口述历史档案培训班在昆举办》，《云南档案》2010 年第 8 期。
② 曾燕：《借鉴国外经验 推进我省少数民族文化的传承和保护——云南省档案干部赴新加坡学习口述历史档案管理先进经验》，《云南档案》2011 年第 8 期。

民族、分年度，分步骤完成采集工作，计划每年完成 2~3 个少数民族口述档案的采集工作。中期目标：先用 6 年左右的时间，完成云南独有的 15 个少数民族口述档案的采集工作，最终完成全部云南世居少数民族口述档案采集工作。根据长期、短期、中期目标，云南省档案馆通过任务分解、分层落实、统一协调、分工合作，这项工程浩大的采集工作得以一步步顺利推进。

3. 分工负责

由云南省档案局统一部署、监督协调；州市档案局负责查找口述档案工作线索、访谈人物，以及抽调人员配合开展征集、访谈工作；县级档案馆积极参与其中，着力解决交通、语言交流、民族民俗、当地文化等方面障碍，充实工作力量。在此之余，抽调各级档案工作人员，成立访谈工作小组实施具体访谈。

4. 经费支持

云南少数民族口述档案采集工作是一项工程浩大又细致入微的工作，每一个步骤都需要稳定的经费来源作保障，为此需要云南省档案局对所属的各实施单位给予必要的财政补贴，各实施单位要协调当地各级财政部门，配套必要的经费支持①，形成上下联动的合作机制，推动采集工作有序进行。

5. 人才保障

一方面，派各级技术骨干学习相关的口述访谈知识，购置访谈设备，如，派技术骨干到中国传媒大学学习进修，返回后投入到口述档案的采集和访谈工作中；另一方面，派业务骨干到新加坡进行全面系统的口述档案方面的培训学习。两项举措，从技术和业务两方面，为口述档案采集整理工作提供了有效的人才保障。

6. 协调监督

为保障采集工作有序开展，首先，云南省档案局负责统一协调工作，包括协调有关机构和专家提供咨询服务和技术支持，协调各级、各地采集任务，避免重复和遗漏。其次，为保障采集工作顺利推进，省档案局负责统一监督工作，包括项目实施方案审核、项目进展汇报、项目进度通报等。

7. 成果汇总

各级相关单位阶段任务完成后，云南省档案馆汇总各部门项目成果，

---

① 陈子丹：《少数民族口述历史档案研究》，云南大学出版社，2015，第 168 页。

集中整理、保管，并复制、分发给各级档案馆保存、利用。

8. 项目考评

在口述档案采集工作阶段采集任务完成时，云南省档案局对各级单位完成情况进行考评，总结经验、方法，形成良好的激励机制，为后续工作的开展提供有效的指导和借鉴。

三　构建云南省内相关部门合作采集机制

1. 云南省档案局与省内有关学术科研单位展开合作

云南省档案局与云南大学民族研究院、云南大学历史与档案学院等机构建立合作平台，聘请云南大学此领域的专家、教授、学者担任顾问，为此项工作的有序开展进言献策，群策群力，提供智力支援；有关院校还承担口述档案人才的培养和培训工作。

2. 云南省档案局与省民族学会开展合作

云南省民族学会负责动员各民族代表人物向省档案局捐赠或有价征购名人档案，省档案局向省民族学会提供相关的资料查阅；针对特定口述档案采集主题，云南省档案局征询云南省民族学会及各少数民族委员会专家的意见，由民族学会提供建议采集对象的线索。

3. 云南省档案局与省民族宗教事务委员会开展合作

云南省档案馆与民宗委古籍办公室联合开展民族古籍文献的收集、整理、出版工作；双方共同编辑出版"云南民族文化丛书"，并在一定范围内共享资源、互助合作、协同发展、互利共赢。

4. 云南省档案局与省非遗保护中心开展合作

一是云南省档案局开展对云南省内有关非物质文化遗产档案摸底调研工作，掌握云南省非遗档案的种类、数量、保管机构等情况，并将统计结果与非遗保护中心共享。二是积极与非遗保护中心进行沟通协调，对非遗档案的整理和保管工作进行业务指导，对于珍贵的非遗档案争取集中到档案馆进行统一保管。[①]

---

① 黄凤平：《努力守护民族记忆 积极传承民族文化——云南多元民族档案工作的行与思》，《云南档案》2011 年第 8 期。

5. 云南省档案局与省文化厅、文物局开展合作

云南省档案局与省文化厅、文物局联合开展对非物质文化遗产档案的征集工作，由省档案馆统一建档保护。[1]

四 完成特有民族口述档案采集工作

自 2010 年启动实施云南少数民族口述档案抢救保护工程以来，由最初以阿昌族和布朗族作为试点开始，截至 2018 年 3 月，已完成了云南特有的 15 个少数民族以及世居的彝族，共 16 个少数民族 170 余名代表性人物的口述档案采集任务，目前正在开展其他世居少数民族口述档案的采集工作[2]，采集的重点是各少数民族历史文化、传统风俗、非物质文化遗产等具有云南区域和民族特色及重大活动、重大事件和民生类口述档案。除此之外，云南省档案馆还完成了近百位中国远征军口述历史档案抢救保护、近 600 名大学生梦想采集工作。[3]

第二节 云南少数民族口述档案
采集的困难和问题

一 云南少数民族口述档案采集存在的困难

云南省少数民族口述档案的采集整理工作虽然已经形成自上而下的一整套工作机制，但是在实际的工作运行中，仍然面临着诸多的影响和制约因素。

1. 采集时间紧

云南各少数民族居住大多比较分散，加之很多受访者为古稀老人，民族语言和口传文化在外来文化潮流的冲击下濒临灭绝，因此，少数民族口述档案的采集工作就是一场与时间赛跑的过程。省档案局要详细了解少数

---

① 陈子丹、魏容：《云南少数民族档案资源建设探索》，《档案管理》2013 年第 3 期。

② 梁雪花、熊爱桃：《口述历史档案采集方法研究及实践——以云南省档案馆为例》，《云南档案》2018 年第 3 期。

③ 梁雪花、熊爱桃：《口述历史档案采集方法研究及实践——以云南省档案馆为例》，《云南档案》2018 年第 3 期。

民族人口分布、地域特点、受访者年龄及身体健康状况，充分综合现有资源，分步骤、有计划开展采集工作，即便如此，仍然会出现"失之交臂"的情况。由此看来，这无疑是一场争分夺秒与时间赛跑的长期工程，档案工作者任重道远，需孜孜不倦上下求索。

2. 采集难度大

（1）步骤程序多。采集和记录少数民族口述档案任务艰巨，需要对口述档案项目的选题、采访重点和采访主题进行确定；需要对访谈计划和方案进行深入细致的思考；需要大量深入的实地考察和调研；需要长途跋涉、走村串寨、挨家挨户地采访；需要与相关单位、部门和当地干部群众沟通协调，并取得他们的大力支持和配合；需要完成访谈过程中的录音、摄像、拍照、口述记录等工作；需要"身入""深入""心入"，切身感受和体验。步骤程序之多、涉及范围之广、工作周期之长、投入精力之大都是前所未有的。

（2）交通不便。云南少数民族原生态文化大多散存于高寒山区，这些地方偏远落后，交通不发达，道阻且长，条件不便利，给采集工作带来很大困难。例如在采集布朗族蜂桶鼓舞的过程中，采集团队要到云南省双江县的邦丙乡大南直村，交通首先是他们面临的最大问题，自驾车到达双江县，再继续行驶，导航无法识别，前路未知，只能想办法找向导，但由于种种原因此法未果。于是选择乘坐当地中巴车，中巴车很旧很小，每天只有两趟，且随时会因天气原因或者司机自身安排停发，再往下走，山路陡峭、狭窄，再遇阴雨天气，则道路泥泞，山体滑坡，寸步难行。采访任务只能中断，择日再行。像这样的情况，在采访过程中，是经常遇到的，约好的见面就此搁置，双方再约，又需天时地利人和，因此常常一耽误就是十天半月甚至个把月。

（3）语言障碍。当历尽千辛万苦双方终于见面之际，万事俱备之时，语言的鸿沟又是需要努力克服的巨大障碍。由于这些采访对象多为当地的民间艺人、古稀老人，他们之中大多年龄大，没有接受过义务教育，只会讲本民族语言，不懂普通话，为此访谈小组需要找到既能通晓本民族语言，又能讲普通话的当地群众进行翻译、沟通、交流。实际上，当地很多人都不会讲普通话，而大多数年轻人因为接受教育能讲流利的普通话，却又不能完全听懂本族老人或毕摩所讲的本民族语言。因此，找到既熟悉本民族语言又能讲普通话的人才，他能有时间做、有能力做，又愿意作为双方沟通的桥梁和纽带，对于采集工作起到至关重要的作用。

（4）组织协调不力。采集工作是一项步骤程序多，涉及范围广的浩大工程，不仅需要各级档案部门纵向上下连动，同时也需要相关部门横向沟通协调，二者缺一不可。例如，在一次采访非物质文化遗产传承人的过程中，当地档案部门已经做好前期的沟通协调和人员支持工作，可是就在采访工作开始进行之时，却遭到了当地文化局的阻挠、质疑和不满，原因是当地文化局认为非遗传承人归文化局负责，其他单位和部门不宜进行接触。至此，这已经不单单是相关部门横向沟通协调的问题，这类在档案采集工作过程中出现的问题，背后是横向部门互相扯皮、互不配合、单打独斗、重复劳动的现象，这种具有代表性的现象究其原因是因为目前我国的档案抢救保护工作，没有形成全国上下一盘棋的良好互动协调机制。

（5）出现意外情况。采集和录制过程中随时可能会出现无法预料的问题，如交通不便、人员变动、设备故障、外界环境影响等，任何一个环节的变故，都会使采集和录制工作中断。

3. 整理工作难

口述档案采集技术后，访谈资料如何转录、加工、翻译、鉴定、整理归档、回访、核校等工作，不仅工作量大、工作难度大、费时费力，相关工作人员匮乏，力量薄弱，还会遇到许多意想不到的困难。

4. 理论指导弱

少数民族口述档案还是一个新兴领域，虽然我国多地档案馆或相关社会组织都在开展各种形式口述档案的采集工作，但在国家层面，尚缺少一套自上而下的可操作性工作模式作为具体的指导准则。尽管云南省档案局多次组织业务骨干去新加坡学习培训，但云南少数民族口述档案具有民族、地域的复杂性和特殊性，因此口述档案采集整理工作，既没有现成的经验和模式可以借鉴，又缺乏相关理论和方法的科学指导，只能是"摸着石头过河"。2017年8月，国家档案局发布了《口述史料采集与管理规范》（DA/T 59—2017），这一指导标准，成为我国在口述史料的采集与管理方面较为系统的指导标准。其中，对口述史料的采集规划、采集流程、收集、保存管理与利用等做出了系统的阐述，这为云南少数民族口述档案的采集整理工作提供了借鉴和参考，但是对于采集工作的具体步骤、可预见的困难及解决办法，叙述泛泛，可操作性不强。

5. 人财物匮乏

由于缺乏统一的规划部署，国家没有提供专项资金用于开展口述档案资源建设工作，所以采集过程中很难有充足的资金保障。人才、资金、技术、设备的投入严重不足，这在很大程度上，制约和阻碍了采集整理工作的顺利开展。

二　云南少数民族口述档案采集存在的问题

近年来，云南少数民族口述档案的采集工作虽然已经取得了一定的成效，但是仍然存在着一些问题

1. 概念界定不清，认识不统一

目前档案学界关于"口述档案"的概念尚未进行统一界定，仍然存在不同的概念定位，有人称之为"口述档案"，有人称之为"口述史料"，多种提法混合使用。以国家档案局为例：2014 年国家档案局局长杨冬权同志在全国档案局长馆长会议的讲话中使用"口述档案"一词，2016 年国家档案局制定的《全国档案事业发展"十三五"规划纲要》中使用"口述历史档案"一词，2017 年国家档案局颁布的《口述史料采集与管理规范》（DA/T 59—2017）中使用"口述史料"一词，截至目前仍然存在"口述档案""口述历史档案""口述史料"等概念混合使用的现象，国家层面更没有将其与历史学领域的"口述历史"，文学领域的"回忆录"，新闻学领域的"口述访谈"等进行辨识和区分，致使多种提法互有差别而又交叉重复，研究主体多元化，工作的开展就会涉及不同部门、不同人员。国家层面对口述档案建设的重视程度不够，对口述档案建设没有统一的规划，而各地方档案局（馆）对口述档案建设的积极性高，存在着"下层热，上层冷"的现象，以至于出现了倒逼现象，例如，国家 2018 年 1 月 1 日起实施的《口述史料采集与管理规范》（DA/T 59—2017）是委托宁夏回族自治区档案局制定的，难免出现政策把握不准、全局性不足的问题。甚至部分档案工作人员认为"口述档案"属于体制外的档案资源，不属于档案资源的主体，不是档案部门的主要工作任务，花费大量的人力、物力、财力来做"口述档案"这一体制外档案资源，是本末倒置。

2. 顶层设计不足，各自为政

目前就全国而言，对口述档案的采集工作仍然没有一套规范性的、权威性的、具体可行的操作指南。比如档案部门从口述档案的保护和抢救角度出发，从事非遗传承人口述档案的采集整理工作，而文化部门从非物质文化传承角度，也在开展非遗传承项目代表性传承人的建档保护工作。2015年4月，文化部印发了《关于开展国家级非物质文化遗产代表性传承人抢救性记录工作的通知》（文非遗函〔2015〕318号），同时下发《国家级非物质文化遗产代表性传承人抢救性记录工作规范（试行稿）》①；2017年8月国家档案局又发布了《口述史料采集与管理规范》（DA/T 59—2017）。虽然文化部的两个文件阐述非遗传承人的抢救性记录工作规范，国家档案局发布的《口述史料采集与管理规范》（DA/T 59—2017）阐述口述史料采集与管理规范，但在实际的工作内容上有很大的重叠性。笔者认为二者是同一个问题的两个方面或者包含与被包含的关系，这直接导致了具体工作的重复性劳动，造成了人力、财力的巨大浪费。

3. 总体规划不力，时断时续

对口述档案采集可能或已经出现的问题和困难，也尚未形成有的放矢、行之有效的解决方案，各地区、各档案部门只能依据自己地区和民族特色，摸着石头过河，骑着马找马。多数口述档案的采集工作都只是被动进行，或者为单个科研工作人员的个人（团队）调研行为，很少有将其纳入当地发展规划，统一协调部署的。这就使得在档案采集整理的具体工作中，很多任务是因人或因事设定，缺乏统一规划和总体目标引领指导，任务多为孤立性的、临时性的，没有全盘运作、长远规划。同时，这些短期或孤立的任务，有些又会因为交通阻碍、语言障碍或采访者及被采访者自身不可抗拒原因，不得不中断。

4. 专门人才匮乏，举步维艰

云南省档案局虽然多次组织业务骨干赴新加坡学习交流，也曾派技术骨干到中国传媒大学学习进修，为云南少数民族口述档案的抢救保护培养和储备业务骨干和技术人才，但是对于工程浩大的抢救与保护任务来讲，

---

① 《非遗保护的中国实践与中国经验——访文化部非物质文化遗产司负责人马盛德巡视员》，2019-05-04，https：//www.chinesefolklore.org.cn/web/index.php？NewsID=14666。

这些还远远不够。目前云南省档案馆专门从事口述档案采集工作的只有 2 名专职人员（1 名采访人员，1 名技术人员），面对不同的受访群体，人员数量缺口很大，各州县负责口述档案采集工作人员的业务能力和专业水平也是参差不齐。此外口述档案的采集工作，涉及多学科领域的融合，对人员知识背景和整体素养、综合能力要求高，这样的人才就更为稀缺。

5. 采集数据不全，参差不齐

目前云南已经完成对傣族、布朗族、阿昌族等 15 个云南独有少数民族口述档案的采集工作，并对其加以整理、备案、建档，但是对不同民族、不同地区、不同受访者的少数民族口述档案采集内容的详细程度是参差不齐的，采集内容全面具体的可以整理出 4 万多字，而采集过于简单，不甚完善的最终只能整理出 1000 字甚至几句话，比如对基诺族受访者沙某和白某（人名）关于文化风俗的采访，最终分别整理出 4 万和 2 万多字的宝贵资料；对普米族文化掌握者熊某和纳西族受访者关于东巴造纸技术的采访，也均整理出 2.5 万字。而对于德昂族历史传承人李某和阿昌族受访者赵某的采访，最终整理出的内容很少，只有 1000 多字；对阿昌族彭某关于阿昌族语言的采访，更是只有区区 5 句话。这样参差不齐的数据，当然是多种原因造成的，比如语言的障碍、采访人的专业知识及采访技巧、提问方式和内容、受访者的配合程度、记忆差别、理解差异、情感、人格、隐私等都会造成采访障碍。同时，以上采集内容主要集中在对非遗传承人及其项目的采集，而对具有重要历史价值和研究价值的重大事件、重要活动方面，进行口述档案采集的数量不多。

6. 整理工作不规范，有待完善

采集工作完成后，将采集过程中产生的照片、录像、视频、实物及相关资料分门别类整理，提供利用。目前，云南少数民族口述档案的整理工作中，还存在以下几个方面的问题。

（1）只有原始转录稿，没有制作转录通稿。每次采访人物结束，都会将采访视频整理成转录稿，以文字的形式还原当时的采访实录，形成原始记录。这样的第一手文字材料如实反映了采访过程中双方的交谈情况，甚至包括采访人的提问语气、技巧、情感，也包括受访者思考过程、回忆过程中的记忆思索、语意迟疑犹豫等，对后人利用研究具有重要参考价值。但同时，这样的转录稿会出现大量的语气词，中断环节，以及表达不规范、表述不清楚，甚至表述上前后矛盾的情况，缺乏采访者和受访者双方进一步沟通交流达成统一认识的过程，这样的文字对于采集成果的利用和研究，造成了时间和精力上的浪费，因此，有必要在保存视频、录像、原始转录稿的同时，精心整理，有所删减、取舍，形成一份精简的转录通稿以便查阅利用。

（2）对于民族语言缺乏翻译和注释。受访者在接受采访过程中，会有使用了普通话、当地方言、民族语言等两种或多种语言的情况，却没有进行统一翻译和注解。这样的采访结果不利于后人的查阅利用，一定程度上降低了口述档案的价值。

（3）受访者由于口音、方音出现表述不严密的地方，没有进行必要的注释。少数民族口述档案的采集对象多为当地古稀老人、文化传承人、当地毕摩，少数为大学生，他们之中或者不会讲普通话，或者普通话语音不规范、不标准，又或者受访时没有来得及组织为严密的语法规范……这些在后期整理成文字时，没有进行必要的注释来和说明，对利用者形成了阅读或研究利用障碍。

（4）整理成果没有进行核实、补录。严格来讲，访谈结束后，访谈者应及时对访谈内容进行转录整理，并反馈给受访者进行核实确认，对于表述不清楚、不具体、不完备、含糊不清之处，还需加以回访补录，而目前很少有档案部门能够做到此项工作。

（5）专业名词和术语转录不规范。整理文字中出现的国家名称、人名、地名，以及机关、团体、事业单位名称，由于受访者是和采访人面对面交流，很多时候没有使用全称或规范化简称，在后期整理工作时也没有进行标注，这样的文字记录是不合规范的。

（6）归档材料不完整。一份完整的口述档案应该包括：采集人员信息登记表、采集工作实施方案、采访实录、采访照片、图片音频、视频，采访实录的文字转换材料、采集工作实施结果以及协议书等。目前，已经整理出来的云南少数民族口述档案采集成果，还没有形成这样的规范和完整的档案记录。

第三章　云南少数民族口述档案的采集方法

采集是口述档案资源建设的起点，为确保所采集的口述档案资源质量高、系统性强，必须建立一套科学有效的采集方法，本书试图将控制论引用到云南少数民族口述档案采集的全过程中加以分析，对采集系统的各个环节进行解释和控制，以此提高口述档案采集的质量和效率。

第一节　前馈控制——采集前期

所谓前馈控制就是事先分析和评估即将输入系统的计划，它是一种面向未来的控制，意在制订计划、部署工作、做足准备、防患于未然。目前前馈控制普遍采用制订详细周密的计划的方式。把计划所要达到的目标同预测结果进行比较，根据最新信息，不断反馈、修改计划，力求预测和计划达到精准吻合。前馈控制处于口述档案采集过程的前端，是采集准备阶段，是对尚未输入采集过程的扰动因素与采集目标相比较所可能产生的偏差进行控制，其特点是对输入口述档案采集系统的扰动因素进行控制。口述档案前馈控制的基本过程为：以采集预期目标为标准—分析采集输入变量—预测采集输入变量中的扰动因素对输出结果的影响—可能产生的影响与预测采集目标进行比较—确定偏差—控制采集变量的输入。

可以通俗地将口述档案采集计划概括为三个一级指标。第一，采集目标，解决为什么做（why to do it）的问题；第二，采集范围，解决做什么（what to do it）的问题；第三，实施方案，解决如何做（how to do it）的问题，运用德尔菲法，再对一级指标进一步细化，请专家按照指标体系确定用来评估口述档案采集计划的 13 个二级指标，依次或同时对多项指标体系进行准备，按内容标准进行前馈控制（见表3-1）。

表 3-1　云南少数民族口述档案采集计划指标体系及标准

一级指标	二级指标	内容标准	权重
采集目标 10%	采集目标	对服务国家战略和地方经济社会发展有留史、凭证、参考作用；制定长期目标和短期目标，其中长期目标具有前瞻性，短期目标可操作性强	10%
采集范围 40%	采集主题	采集主题有特色，具有历史意义、时代意义	8%
	采集对象	采集对象的线索征集措施有效，获得的线索准确性高	8%
		最终确定的访谈对象具有代表性和可行性	8%
	田野调查	进行实地调查，全面掌握访谈对象的真实情况，有效地沟通协调，争取理解信任	10%
	采集内容	采集内容全面具体，能有效弥补现有档案记录不足、抢救保护历史文化遗产的意义	6%
采集方案 50%	采集团队	项目团队人员配置合理，经验丰富，分工明确	10%
	经费预算	按照国家和地方的经费标准，编制经费预算	6%
	知识准备	熟悉受访者个人的基本情况、身体情况，熟悉访谈内容的相关知识	8%
	设备准备	摄像设备、录音设备、照相设备、后期设备能满足口述档案采集要求	6%
	时间安排	项目进度和时间安排合理，既要保障采集内容的完整，又要有利于节省费用	4%
	访谈地点	访谈地点选择合理，有利于访谈的顺利进行	3%
	访谈提纲	访谈提纲重点突出，逻辑清晰，层次分明，细化具体，设计的问题具有开放性和启发性	8%
	通知协调	各协助部门任务明确，配合得力	5%

一　制定采集目标

口述档案采集的目的是紧紧围绕档案存史、资政、育人作用而开展的，通过采访国家、民族、集体或个人的历史、现实、未来具有重要历史价值和研究价值的重大事件、重要活动的亲历者、亲见者、亲闻者[①]，记录云南

---

① 《口述史料采集与管理规范》（DA/T59—2017），第 1~18 页。

各族人民在中国共产党的领导下取得的巨大成就，用大众的声音见证云南各族人民坚定不移地走中国特色社会主义道路是通往理想的康庄大道，坚持改革开放是推动云岭大地发展进步的活力之源。

采集的长期目标主要为：经济方面，采集亲历（见闻）云南各族人民矢志不渝心向党、听党话、跟党走、感党恩，逐步摆脱贫困、走向富裕，摆脱封闭、走向开放，摆脱落后、走向进步，经济发展翻天覆地、城乡面貌沧桑巨变、人民生活蒸蒸日上、脱贫攻坚成绩显著等重大事件和重要活动的代表性人物的口述档案。社会方面，采集亲历（见闻）云南深入实施民族团结进步创建工程，不断巩固和发展平等团结互助和谐的社会主义民族关系，不断铸牢中华民族共同体意识，保持和发展各民族和睦相处、和衷共济、和谐发展良好局面等重大事件和重要活动的代表性人物的口述档案。文化方面，采集亲历（见闻）云南深入推进民族文化强省建设，大力开展少数民族文化传承保护等代表性人物的口述档案。生态文明方面，采集亲历（见闻）云南民族地区实施"绿水青山就是金山银山"绿色发展理念等重大事件和重要活动的代表性人物的口述档案。

采集的短期目标是对长期目标任务的细化和分解，按照阶段性、计划性、重点性、针对性的原则，根据经费预算、人员编制、技术能力和少数民族人口规模、地域分布等因素，以年度为周期，以民族为单元，逐年推进，先分区域、分阶段完成云南 15 个特有少数民族的口述档案采集工作，再逐步完成其他 10 个少数民族口述档案采集工作。同时短期目标必须做好特殊情况特殊处理，优先考虑年龄大及身体健康状况较差的亲历者、发生时间久远的重大事件和重要活动等，着力解决好散存民间的濒危、重要、珍贵少数民族口述档案的采集问题。

二　规划采集范围

1. 确定采集主题

云南少数民族口述档案采集工作应坚持以习近平新时代中国特色社会主义思想为指导，根据习近平总书记给云南提出的"主动服务和融入国家发展战略，闯出一条跨越式发展的路子来，努力成为民族团结进步示范区、生态文明建设排头兵、面向南亚东南亚辐射中心，谱写好中国梦的云南篇章"的要求，以新中国成立 70 多年来，云南各少数民族在经济、社会、文化等领域的重大事件和重要活动为主线来确定云南少数民族口述档案采集的主题。

（1）经济实现高质量跨越式发展。包括：新中国成立 70 多年，特别是改革开放 40 多年来，改革开放之路越走越宽，云南民族地区社会生产力和人民生活水平实现大幅提升；实施兴边富民工程，全省 8 个州市 25 个边境县市实现边境振兴、边民富裕、乡风文明的情况；积极融入"一带一路"倡议，建设南亚东南亚辐射中心，努力闯出一条跨越式发展道路。

（2）民族团结进步不断加强。包括：云南 26 个民族在"民族团结誓词碑"的铿锵誓言和笃实行动，各民族团结奋斗，共同富裕；党和国家把云南民族工作融入全省发展大局，积极发展民族事业，铸牢中华民族共同体意识，努力把云南建设成为我国民族团结进步示范区；各民族坚持守土有责、守土负责、守土尽责，维护国家统一，建设稳固边疆。

（3）脱贫攻坚取得决定性成效。包括：党和国家聚焦"两不愁三保障"和易地扶贫搬迁，不断加大投入力度，脱贫攻坚成效显著；云南各族人民正在向世代以来的贫困告别、乡村振兴压茬推进、全面小康越来越近，特别是独龙族、基诺族、德昂族 3 个"直过民族"和人口较少民族实现整族脱贫；各族人民在学有所教、病有所医、老有所养、住有所居、弱有所扶等方面幸福感极大提升，等等。

（4）民族民间传统文化保护和传承工作深入开展。包括：党和国家尊重少数民族风俗习惯，注重对民族传统文化的传承和延续，特别是为非遗传承人建立口述档案，力求让非遗以更加生动鲜活的方式呈现在民众面前，让人们记住乡愁，为世界讲好中国故事、传播中国文化。

（5）生态文明建设取得新进展。包括：云南不断加大民族地区环境保护和环境治理，不断提升城乡和农村人居环境。

2. 梳理采集对象

根据已确定的采集主题，坚持以民族为单元、以人物为核心的原则，通过多种途径、多种角度、多个层次查找各少数民族重大事件和重要活动中的主要领导者、主要参与者、主要经历者，以及最知情者（包括主要参与者子女、专家学者、文化传承人、档案资料保存者等），最大限度地查找少数民族口述档案采集的潜在对象。

（1）从现有文献资料中查找。包括：各级档案馆（室）的馆藏档案；各级人民政协的文史资料；各级政府参事室、文史研究馆的公开出版物；关于民族工作和民族问题研究的报纸、杂志；民族地区的地方史志、年鉴、大事记；民族干部、学者、专家的回忆录；前人在民族调查中寻找到的线索，等等。

（2）征询云南各级政府部门意见。政府部门代表国家依法行使政治、经济和社会公共事务的管理职责，是公共行政本质的反映，可以通过征询政府部门意见，掌握民族经济、民族文化等各领域的重要人物。

（3）征询云南省民族学会及各少数民族委员会专家的意见。云南省民族学会在积极推动各民族和睦相处、和衷共济、和谐发展等方面发挥着重要作用，是各少数民族与政府之间进行沟通的桥梁和纽带。云南省 25 个世居少数民族的领导干部和各类专业人才大多数是云南省民族学会会员，因此他们熟悉各个领域和方面的民族历史和民族人物，由他们介绍和引荐各民族领导、学者、重要人物，可以少走弯路，收到事半功倍的效果。

（4）根据具体的访谈信息扩展延伸线索。在访谈过程中根据受访者提及的人物进一步寻访。让受访者推荐其他人作为受访者也是合理的——这种做法被称为"滚雪球"，因为它能够扩大参与者的范围。当涉及一个群体的历史，需要收集社会各个阶层的记忆和观点，仅仅访谈领导、学者、专家是不够的，同时需要访谈普通人，包括男性和女性、不同年龄、不同工作的人。所以，从一开始就应该尽可能地确保访谈名单具有包容性。

3. 开展实地调研

（1）核实线索。对上述途径获得的线索进行集中汇总核实，确定重点采集对象。一是核实采集对象是否真实存在；二是核实采集对象是否与所确定的采集主题相符以及相符度的高低，摸清采集对象对所采集主题的掌握程度，筛选出具有实际采集意义的对象；三是线索人是否具有采集的可行性，由于受访者很多为年事已高的老人，他们大都身体状况欠佳，这就需要采集者提前做好充分的准备，详细了解被访者的身体健康程度、精神状态、性格、情感、喜好、禁忌等诸多因素，提前做好相关软件和硬件准备，了解哪些可以谈，哪些不可以谈，哪些需要引导，哪些可以单刀直入，做好采访成果预测。此外，还可以从该事件的主要领导者、主要参加者、最知情者中选择文化水平较高、身体状况较好、记忆力较好、语言表达清晰的亲历、亲见、亲闻者为优先采集对象。①

（2）实地调研。实地调研的目的和工作主要有：一是宣传动员。宣传工作是口述档案采集实施的基础和前提，采集对象对采集工作是否理解，是否愿意配合，理解或配合到哪种程度，都是需要档案工作者提前做足功课的。通过恰当且行之有效的宣传，让采集对象及群体都能理解领会采集工作的重要意义，认识到采集存档工作是对本民族历史和文化的挽救和永久记忆，是为本民族的繁荣发展做贡献，是传承和保护各民族文化遗产，是保持民族文化多样性的一项重要事业。二是获得信任。档案工作人员要树立良好形象，设身处地地为采集对象想其所难，及其所愿，更好地取得采集对象的信赖和支持。只有建立起较为密切的关系，才可能进行深度访谈。三是沟通协商。通过采集前的沟通交流，让采集对象充分知晓该采集记录工作的内容和目的，在征得采集对象同意后，方可开展工作，保证采集记录不直接或间接侵犯采集对象或其他相关人员隐私、权益，如采集对象有心理顾虑和现实需求，认真分析原因，找准问题症结，有针对性地做好其思想工作，提出切实可行的解决方案，为其消除顾虑、增进彼此信任、寻求利益共通点，为具体采集工作做好心理准备。对于已确定的采集对象，要填写口述档案采集对象基本信息表。

4. 确定采集内容

根据总的采集规划所确定的采集主题，选择熟悉该项主题内容的人员作为采集对象进行具体采集实施工作，口述档案采集的内容应按照重要性、重大性、典型性、代表性的原则，抓住重点、补缺不足、提升经典，主要采集以前没有记载的、记载不足的、记载有待核实的口述档案。针对不同主题确定不同的采集内容，主要包括：对口述者的主要经历，尤其是与采集主题内容、事件、人物有关的部分，包括其他背景资料及其与采集内容之间的关系，以保证采集的完整性与科学性。② 注重不同采集主题的采集对象有不同的侧重点，将每位采集对象与所处社会形成有机联系，使口述档案针对不同的利用者可呈现不同的用途（见表3-2）。

---

① 《口述史料采集与管理规范》（DA/T59-2017），第1~18页。
② 《口述史料采集与管理规范》（DA/T59-2017），第1~18页。

表 3-2 云南少数民族口述档案采集主题与内容

采集主题	采集对象	采集内容
经济实现高质量跨越式发展	农民科技致富带头人	主要采访其掌握的农业技术，自己是如何走上致富道路的，为当地群众提供的技术帮助有哪些，成效如何
	优秀企业家	主要采访其企业的发展历程，在发展过程中遇到哪些困难、享受政府哪些扶持政策，企业的经营模式、实现的经济利润、为地方经济发展做出哪些贡献
	普通农民群众代表	主要采访其家庭经济收入和生活条件得到了哪些方面的改善及个人的感受
民族团结进步不断加强	民族识别工作的参加者	主要采访云南民族识别工作的背景、过程、成绩和结果
	民族区域自治制度在云南从实施到基本建立过程的见证者和参与者 云南落实民族区域自治相关政策的制定者和实施者	主要采访 1951 年至 1958 年上半年，云南民族区域自治制度基本建立的历程
	末代土司头人及其后人	主要采访其民族相关历史、文化、民风民俗等，其亲身经历、所见所闻的本民族重大事件和重要活动等
	民族上层爱国人士、宗教界有影响的少数民族人士、少数民族英雄模范人士和社会各界、各行业中的少数民族精英人士	主要采访他们在为维护民族团结、化解民族纠纷、巩固民族政策等方面做出的积极贡献和努力
	各民族第一位民族干部	主要采访其个人的生活、学习和工作经历，以及成为本民族第一位干部之后为家乡为族人所做的努力，对当地做出的贡献，对族人以及其他民族的表率作用
	各民族第一位大学生	主要采访其个人的生活和学习经历，成为本民族第一位大学生的求学之路以及切身感受，个人亲历、亲见、亲闻本民族的重要事件、重要活动

续表

采集主题	采集对象	采集内容
脱贫攻坚取得决定性成效	村、乡镇、县等各级扶贫干部	主要采访导致本村（乡镇、县、州市）贫困的原因、存在哪些困难（住房差、饮水难、就学难、就医难、出行难等），脱贫摘帽前本地区的贫困人口、家庭、经济情况，国家和各级政府在本地区采取的脱贫政策和帮扶政策以及对口支援单位情况，脱贫后人们的生活情况
	驻村第一书记、驻村工作队员	主要采访其所驻村的基本情况、驻村后的工作经历，如何带领当地群众走上脱贫致富道路，脱贫前后的对比和亲身感受等
	建档立卡贫困户代表	主要采访国家和政府对其进行了哪些方面的帮扶措施，脱贫前后的对比和切实感受等
	扶贫专家	主要采访其在各自领域实施的脱贫攻坚行动，包括产业就业扶贫、生态扶贫、健康扶贫、教育扶贫、能力素质提升、农村危房改造、贫困村提升、综合保障扶贫、强基固边等，取得了哪些成绩
	大学生支教团	主要采访其支教经历和切身感受，当地孩子的学习情况等
民族民间传统文化保护和传承工作深入开展	民族文化掌握者或非遗传承人	主要采访其对本民族文化的诠释和传承情况，以及在传承过程中遇到的问题，通过双方有效的互动，在记录这些采访内容的同时，探讨有的放矢的抢救措施
	民族文化研究学者	主要采访其所属民族语言、节日、风俗等方面的特点及代表性文化
生态文明建设取得新进展	生态文明建设专家	主要采访其参与实施的当地生态建设技术措施情况，前后对比取得的成效
	生态文明建设官员	主要采访其亲身经历的本地生态保护发展历程，在实施生态保护中的政策、资金、技术、人才情况及取得的成绩
	当地普通民族群众代表	主要采访其所见当地生态文明建设发生的变化和具体感受

三　设计采集方案

1. 组建采集团队

一个口述档案项目，对于采集团队的人员需求并没有固定的数量，许多口述档案项目都是由一个人单独完成的。因此，口述档案的采集团队可以根据项目的复杂程度、建设周期等因素由项目负责人（或项目主持人）自行组建，一般情况下，口述档案采集团队可以包括以下人员类型。

（1）项目负责人。全面负责某一主题口述档案项目的采集工作，包括准备项目书、申请经费、筹备组建顾问委员会、召集采访人员、确认访谈对象、取得器材、统筹联络、建立必要的文件材料、安排转录稿制作、培训采访人员、交付采集记录等。

（2）访谈人。负责设计访谈提纲、实施访谈等工作，访谈人是口述档案工作团队的核心，访谈的质量很大程度上依赖于访谈人的素质、经验和技巧，在一定程度上决定了项目成功与否，因此访谈人员应优先安排有访谈经验又参加过口述档案课题的人员，如果访谈者只满足其中一条，需要对其进行相应培训，做好充分的准备。对于熟练的访谈者在进入口述档案新领域时，需要提前对主题做深入研究；对于熟悉项目主题却未做过访谈的人，在进行访谈前，需要先接受访谈技巧的培训。在访谈进行前，每个访谈者都要充分了解项目目标，并对伦理和法律上的重要事项有所了解。多数情况下访谈人员由项目负责人兼任。

（3）录像、录音人员。负责具体采访现场的摄像、摄影、录音，灯光和配套设备的操作，后期剪辑等工作。

（4）翻译人员。由于少数民族口述档案的采集工作，在前期沟通协调、现场采访、后期制作及口述文本整理等环节均可能涉及当地少数民族语言或方言，因此需要视情况安排翻译人员。

（5）其他人员。如文稿速记、文稿校对、摄像助理等。

采集团队的能力素质高低决定着采集工作能否有效组织实施，因此团队成员除由上述专业人员构成且具有专业知识和技能外，还应具有以下素质：一是对少数民族口述档案采集工作具有浓厚兴趣，工作热情高，做事细心，有责任心；二是熟悉边疆民族地区的历史文化、风俗习惯、宗教信仰，诚实稳重，富有亲和力；三是具有良好的心理素质和吃苦耐劳精神，适应环境能力强，敢于深入边远山区，勇于克服困难；四是学习能力强，有较强的交际能力、应变能力、语言表达能力，能较快熟悉和掌握口述档案采集工作的要求；五是具有团队合作精神，任劳任怨，有良好的协调沟通能力。

口述档案采集团队人员应填写工作团队信息表、签订保密协议，保证口述档案采集内容的信息安全。

2. 编制经费预算

目前云南少数民族口述档案采集工作经费是由政府财政支出，每年云南省档案局统一规划用于口述档案资源建设的经费量，征集整理处再进一步细化到具体的采集项目中，每个采集项目填写口述档案采集工作预算表。为了实现最低的经费投入，产出最大的效益，云南省档案局想方设法节约成本、提高效率，例如在考虑采集地点的安排上，将同一片区、区域的人员安排在同一批次的采集计划中，采集工作的次序和时间进行细化，做到有的放矢。随着口述档案越来越被社会重视和认可，向社会组织和私人基金会筹集资金将会成为一个重要方式。

3. 开展知识准备

工作团队组建完毕后，应集中时间对项目情况进行分析，对计划采访的口述者做好充分的知识准备。一是项目分析，根据已经收集到的信息进行分析，确定需要采集哪些资料。二是学术准备，包括档案学、口述史学、社会学、影像人类学等相关学科的基本知识。三是掌握口述者的基本情况，如果采访对象为普通人，需要掌握其个人基本情况；如果采访对象为传统艺人，需要熟悉其所掌握的传统技艺的历史与演变；如果采访对象为当地比较有名望有地位的人，需要对其进行较为全面的了解，比如除了简单的人物生平外，还应该掌握与受访者有关的重要事件、关系密切的人物，以及此人在当地的影响等。四是掌握口述事件（项目）的基本情况，掌握口述者相关的资料和信息，初步编制口述者年表和谱系表。五是熟悉社会习俗与文化背景，了解项目的习俗及背景，掌握其相关的宗教礼仪、民风民俗、文化禁忌等。

4. 进行物质和技术准备

物质准备是指在访谈前要准备好访谈必需的器材、设备等硬件设备。随着计算机技术和数码科技的普及和发展，口述档案采集所需设备已由过去单一的录音机发展到摄像、录音、照相、后期制作器材等系统化设备体系。

（1）摄像设备。应使用高清摄像机进行拍摄，信号应选取 PAL 制，帧速率为 25p，分辨率不低于 1920×1080，采样率不低于 4∶2∶2（或所用摄像机的最高采样率），码率不低于 50Mb 每秒（或使用摄像机的最高码率）。目前可供选择的摄像机型号很多，可由采集团队自主决定，但在选择摄像设备时应注意，如使用磁带摄像机，应充分考虑素材带的携带和保存；如使用存储卡摄像机，应准备配套设备，如笔记本电脑、移动硬盘、读卡器等。考虑到设备匹配和配件通用问题，建议使用相同品牌、相同型号的设备进行多机拍摄。[①]

（2）录音设备。录音设备按功能一般分为拾音设备（话筒麦克风）、调音设备（调音台）和记录设备（录音机）。也可以选择一种兼具上述两种甚至全部功能的设备。广播级摄像机也应具备基本的调音、录音功能。在录制非遗传承人表演时，应根据实际需要选择合适的录音设备。同时还应准备一台录音机或录音笔，作为录制备份。这些独立的音频文件，将为后期进行口述访谈速录等工作提供方便。此外，还应准备好充足的配件，如防风罩、话筒杆、电池、存储卡等。[②]

（3）照相设备。应选用可更换镜头的专业级相机和一套完整焦段的镜头作为照相设备。记录格式应为 RAW 格式，图像尺寸应为该机型所能记录的最大尺寸。此外，还应准备好三脚架、存储卡、滤镜、电池、闪光灯等配件。[③]

（4）后期设备。应选择较为通用的剪辑软件，如 Apple Final Cut 和 Adobe Premiere Pro，以便后续的修改和使用。[④]

（5）其他方面。准备好纸笔、采访记录本、各种证件、介绍信、公函、地图和礼品等。在访谈前要熟练掌握摄像、录音、照相等设备及后期软件的操作使用技术。[⑤]

---

① 《国家级非物质文化遗产代表性传承人抢救性记录工程操作指南》（试行本），2016，第 8~9 页。
② 《国家级非物质文化遗产代表性传承人抢救性记录工程操作指南》（试行本），2016，第 9~10 页。
③ 《国家级非物质文化遗产代表性传承人抢救性记录工程操作指南》（试行本），2016，第 10 页。
④ 《国家级非物质文化遗产代表性传承人抢救性记录工程操作指南》（试行本），2016，第 11 页。
⑤ 陈子丹：《云南少数民族口述历史档案研究》，云南大学出版社，2015，第 104 页。

5. 时间安排

（1）合理设计访谈时间。为了从整体上把握项目进度，应合理安排每一位受访者的访谈时间，访谈既不能跨越时间太长，否则无法在任务周期内完成，也不能太紧缩，容易造成受访者紧张或采访内容不全面。通常情况下，一个采访以 10~15 天为宜，可多计划出 3~5 天用于机动灵活处理实际工作中出现的新情况及补充增加新发现的访谈对象。访谈时间的安排也应考虑季节、当地气候等因素。例如每年七八月云南部分少数民族地区连续降雨，容易出现山体滑坡等自然灾害，给采集工作小组出行带来困难和危险；再如春分时节，正值云岭大地春种作物播种、种植的农忙季节，很多少数民族农民受访者无暇顾及访谈。

（2）尊重受访人意愿。访谈的时间长短、访谈地点、访谈环境及访谈密度等细节，都需要考虑受访者的爱好、年龄、健康程度、生活习惯等因素，在与受访人进行反复沟通后，确定具体的访谈时间。

6. 确定访谈地点

访谈地点要优先尊重受访者的选择。一般情况下受访人会将访谈地点选择自己熟悉的环境，如自己的家里或者平时工作的地方，但这些场所的问题在于如何防止干扰和被打扰，如在办公室里，电话铃响、同事到访等都会令受访者分心，在家里访谈时，电话、家人等都会导致访谈中断，并且背景噪音太多，会给抄本制作造成一定困难。为保证访谈的顺利进行以及摄像与录音质量，应尽量选择噪声较小、人员较少的场所，如家中的书房、办公场所的会议室等，并礼貌地请其家人或办公室的其他人不要打扰。如果在受访者选择的地点进行访谈，要预留足够的时间来布置器材设备，同时把摄像机摆放在离受访者较远的位置，照相时不要频繁走动，消除可能导致受访者紧张不安的因素。

7. 设计访谈提纲

访谈提纲是采集方案中很重要的一个部分，是访谈行动的指南。准备访谈提纲的过程是访谈人系统学习受访者所属民族历史文化、宗教信仰、风俗习惯的过程。此外，采访者还需要系统梳理受访者的性格特点、成长经历等。

8. 协同沟通

协同沟通的目的和内容包括：

（1）解决工作保障问题，在出发前两个星期给当地州县档案局发函，请求协助采集工作，包括人员支持、交通保障、饮食住宿等。

（2）到目的地后，通过走访、沟通，尽快了解当地及其所在民族的民风民俗、宗教信仰、礼义禁忌等，确保后续采集工作能够顺利进行。

（3）礼物馈赠，云南各少数民族热情好客、注重礼节往来，工作人员初次拜访，应准备一些小礼物，礼物不需贵重，几块毛巾、一些糕点、几块香皂、一些糖果等，用以表达对他们的尊敬和感怀，拉近双方的距离，增进双方的感情，使得采集工作能够有条不紊地开展。

第二节　过程控制——采集中期

所谓过程控制就是在组织目标的实施过程中，施控系统不断地在计划与过程结果之间进行比较，确保受控量（或对象）接近预定值或保持在预定范围内的控制系统。口述档案采集的过程控制是指在口述档案采集执行过程中，访谈人根据自己状态和访谈对象所提供的信息（或行为）与计划目标进行对比，随时对访谈时长、访谈地点、访谈人物、访谈方法、访谈内容、访谈步骤等环节加以调整和控制，以保持口述档案采集过程的动态平衡，达到口述档案采集的最优化。口述档案采集过程控制由三个步骤或三个重叠要素构成：事先预定采集目标—对照预定目标检查过程绩效—采取措施纠正过程偏差。口述档案采集过程控制包括：访谈流程控制、拍摄要求控制、访谈要求控制、伦理声明控制、访谈技巧控制等几个方面。

一　访谈流程

一般访谈流程，按时间先后顺序包含以下四个步骤。

调试设备：口述访谈正式开始之前，工作团队应高效完成访谈环境布置及摄像、录音、灯光设备的调试。

伦理声明：在首次口述访谈开始之前，采访人和受访人应分别宣读伦理声明，并全程录像、录音。

开始访谈：访谈过程中，采访人应根据访谈提纲及访谈技巧，掌握访谈的节奏、话题的走向与整体访谈时间。

签授权书：访谈全部结束后，访谈人或项目负责人应请受访人签署著作授权书（见图 3-1）。

图 3-1　口述档案访谈流程

二　拍摄要求

1. 摄像要求

（1）如使用一台摄像机，摄像机应拍摄受访人。景别为中近景，人物主体应在画面中央偏左或偏右的位置（视构图需要而定），视线应与偏移方向相反。采访人应坐于摄像机一旁，与受访人视线相对。[①]

（2）如使用两台摄像机，可考虑两种情况：一是如访谈采用类似对话的形式，即受访人与采访人话语量相仿，则一台拍摄受访人，另一台拍摄采访人。摄像机都应位于采访人与受访人所形成轴线的同一侧，景别为中近景。采访人在画面中的位置应与受访人相对（如受访人在画面左侧，则采访人在画面右侧），视线也相对。二是如访谈以受访人为主导，采访人仅负责提问，无过多交谈，则一台摄像机拍摄受访人中景，另一台灵活调度拍摄采访人中近景和受访人近景。[②]

（3）如使用三台摄像机，第一台拍摄受访人中近景，第二台拍摄采访人中近景，第三台可灵活调度拍摄双人全景、双人近景与特写等。[③]

一般情况下，应至少保证两台摄像机进行拍摄，个别地区或特殊情况下不能实现的可采用一台摄像机。

如需翻译人员或其他辅助人员参与访谈，辅助人员坐于采访人旁边即可，无须在画面内出现。如因受访人听力等原因需坐于受访人旁边，可在

[①] 《国家级非物质文化遗产代表性传承人抢救性记录工程操作指南》（试行本），2016，第28 页。

[②] 《国家级非物质文化遗产代表性传承人抢救性记录工程操作指南》（试行本），2016，第28~29 页。

[③] 《国家级非物质文化遗产代表性传承人抢救性记录工程操作指南》（试行本），2016，第29 页。

画面中出现。

摄像应使用全手动控制，以保证拍摄质量。

如果采集非物质文化遗产传承人实践项目，一般情况下，应使用客观观察的方式进行拍摄，即工作团队人员的声音、画面均不入镜，但特定情况下，可采取参与式的拍摄方法，与画面内的人物进行交流。拍摄手法应以平实、自然、写实为主，也应拍摄一些表现力、感染力强的镜头，供综述片使用。

2. 录音要求

需为访谈人和受访人佩戴领夹式麦克风或设置适合的外置麦克风收音，不可使用摄像机机身自带或内置麦克风作为主收音设备。摄像机在连接外置麦克风的同时，也要保留一路自带或内置麦克风的参考音。[①] 每次访谈开始前，应仔细调整录音电平（人声音量的理想区间为 $-3dB \sim -20dB$）。同时也应用一部数字录音机（录音笔）进行单独的备份录制。

3. 特定主题口述档案要求

对于民间文学、传统音乐、传统舞蹈、传统戏剧、曲艺等类别的传承人，尽可能全面、完整地记录其所有作品，如有条件限制，至少记录其代表性和稀缺性作品。如在收集文献的过程中已发现有录像资料，且质量尚可，则不必重复录制相同的曲目、剧目。对于传统美术、传统技艺类的项目，应尽可能多、尽可能全地记录传承人代表性和稀缺性的作品、样式和加工方式。传承人由于年龄和健康原因，已无法进行完整实践的，此种状况下，可请传承人推荐一位最能代表他的实践能力的徒弟代为实践。传承人尽量参与其中的某些部分，也可请传承人对徒弟的实践进行点评、解说。应注意要求徒弟按照传承人的传统方法进行实践，且应随后对徒弟进行补充访谈。

三　伦理声明

口述档案访谈的伦理声明是指访谈人和受访人双方分别就口述访谈的相关内容、保存方法与传播范围等进行个人良知、职业道德、历史责任的

---

① 《国家级非物质文化遗产代表性传承人抢救性记录工程操作指南》（试行本），2016，第30 页。

声明。访谈人和受访人均需签订伦理声明。

1. 访谈人的伦理声明

（1）以社会良知和职业道德为准则，履行自己的访谈工作职责。

（2）尊重受访人的经历、情感、思想、信仰和价值观，保护受访人的尊严、隐私与个人意愿。

（3）在工作开始前，尽可能详细地对受访人说明此次访谈的动机、目的、相关内容、知情人员、保存方法与传播范围，在得到受访人确认和许可之后，方可进行访谈。

（4）访谈使用摄像、摄影、录音、笔记等方式进行记录，应在一切录像设备开始录制之前告知受访人。在受访人不知情或不同意的情况下，不可进行任何手段的影音记录。

（5）尽量避免涉及有可能使受访人感到人格侮辱和感情伤害的谈话内容，尽量避免提出任何误导性、刺激性及暗示性等有可能影响受访人主观判断的问题。

（6）如访谈内容涉及个人隐私和其他隐私，将提前对受访人进行提示，在得到受访人认可后，方可进行。理解并接受受访人在谈及这些内容时可能的拒绝、隐瞒及其他情绪和反应。

（7）应客观、诚实地理解并记录受访人的意图与所表达的内容，并将这些影音资料整理成文字稿后交由受访人审定。

（8）尊重受访人对文字稿的审定意见，对文字稿进行必要的修改和补充后，形成最终的口述文字稿。

（9）访谈档案文献的一切公布、使用与传播将在与受访人沟通并获得许可之后进行。访谈人有责任记录并落实受访人对文献公布与使用的要求与意愿，包括公布的时间、内容、范围及其他特殊要求。

2. 受访人的伦理声明

（1）以记录个人记忆、保存历史、真实服务社会公益为目的，以个人的良知和历史责任为准则，在完全自愿的情况下接受访谈。

（2）尽可能真实地、详细地回忆并讲述自己的人生经历与所感所想。

（3）尽量避免涉及第三方隐私、可能损害第三方利益与情感的内容。如为了还原历史真实，必须涉及上述内容，有责任向采访人说明并要求其将这些内容对公众保密。

（4）同意采访人对口述内容中可能出现的遗漏、错误、口误和表达不清进行必要的对比、校订与改正。这些改正的内容在受访人认可之后，将和口述史料中的其他部分一样，代表受访人的意识。

（5）认可访谈所产生的全部文献资料（包括影像、声音、文字稿）的著作权归双方共同所有。

（6）同意口述档案采集团队工作人员对访谈所得的原始资料进行必要的整理，同意口述档案实施单位对全部文献资料（包括影像、声音以及文字稿）进行永久保存，其中受访人认可部分可提供公共阅览服务。

四　访谈要求

1. 保持记录真实性

访谈人要真实记录受访人的陈述，客观诚实地理解受访人的意图和陈述，对受访人陈述的录音、录像保持其原始性、完整性，不可断章取义。

2. 尊重受访人意愿

访谈过程中访谈人要充分尊重受访人的经历、情感、思想、信仰和价值观，保护受访人的隐私，当受访人出于某种原因拒绝、隐瞒某些方面内容时，应尊重受访人个人意愿。

3. 进行必要标识

访谈人应对受访人的个人信息，以及相关事件的年代、人物、地点和事件涉及的专有名词、专用术语等做出必要的标记，这些重要信息是不能出现任何错误或模糊记录的，访谈人需要将这些信息准确无误地存档，留待整理文稿时备用。

4. 注重挖掘事实

访谈人通过与受访人面对面的言语交流，在严格遵守职业道德和社会良知的前提下，尽可能多地采集和挖掘受访人掌握的历史事实。

5. 探查事件细节

充分掌握受访人个人情况和所采集事件的相关专业知识，充分挖掘受访人对所陈述事件的内容和细节，深入探查采集事件主题内容。

6. 拓展采集范围

根据采集获得的新线索，结合实际，不断拓展采集范围，扩充采集对象，补充和增添相关内容和细节。

7. 签订文献采集、收藏与使用协议

五 访谈技巧

1. 访谈控制

在访谈人和受访人面对面进行访谈过程中，需要由访谈人根据实际情况进行调节和管控。

（1）访谈人的自我控制。即访谈人自身要有充足的心理准备和充分的知识准备、要熟悉访谈流程，能控制好自己的心情和情绪，访谈过程始终做到专心、耐心、细心，做一个有温度的访谈人。因为受访人来自不同行业、不同群体，每个人的性格不同、习惯不同、脾气秉性不同，有些受访人的行为举止、讲话的语音语调等会让人难以承受，甚至反感，但作为采访人又不得不承受，这时候就特别需要采访人控制好自己的情绪。访谈人需要控制好自己的注意力，因为一次口述采访通常会进行几个小时，即使中间休息，除特殊情况外，通常也是一小时休息一次。在一小时的采访中，作为一个倾听者，能不能长久地保持注意力的集中，这对访谈人是一个极大的考验，一旦受访人发现采访人注意力不集中，肯定会影响采访对象说话的情绪，从而影响采访的质量。在长久的对话尤其是长久的倾听过程中，每个人难免都会有走神的时候，这就需要采访人具有一定的自我控制能力，即知道自己在什么时候可以稍稍走神，并且尽可能地控制自己走神时间不要太长、不要走得太远，以便自己能够及时调整，并将注意力集中到采访现场及具体的话题上。

（2）对访谈节奏的控制。有时候，受访人由于身体、心理等方面的原因，使得正在进行中的采访中断甚至停滞，这时候需要耐心，或适当调整访谈方式、提问方式，或更换访谈时间、访谈地点等。

（3）对访谈局面的控制。控制好访谈局面是对采访人的一个基本要求，如果控制得好，访谈可以不间断地进行，如果控制不好，很有可能导致访谈中断或者失败，前面所做的诸多工作都会付之东流。当受访人出现话题偏离、受访人在叙述事件的过程中情绪过于激动或者过于悲伤、受访人出现措辞不当或者口误或者因主观倾向明显描述错误、受访人有意撒谎掩盖事实等状况时，采访人都需要采用一种很委婉和友好的方式暂时中断谈话或者引向新的话题。灵活运用各种访谈技巧，掌握话题的走向和整体访谈时间，确保访谈获得的内容真实有效。

（4）访谈技巧控制。访谈并不是简单地将事先罗列出的问题机械性地转变为口头提问，而是需要采访人做好充足的知识准备，充分了解采访内容和采访对象特点，做到知己知彼，并根据现场情况随机应变，不断调动受访人回答问题、主动讲述的积极性（见图3-2）。

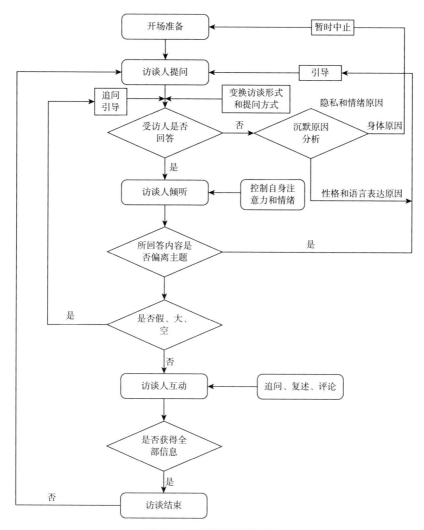

图3-2　口述档案访谈过程

2. 开场准备

口述访谈的开场如同教师授课一样，它直接关系到进程是否顺利，然而一般情况下，开场又很容易气氛紧张、尴尬。优秀的访谈人能不留痕迹地将话题导向正题。通常可以使用一些社交中经常运用的打破僵局的话题，例如，"今天的天气有点冷，你以前遇到过这么冷的天气吗？""我认识你的一位朋友——你的大学同学，他捎话来问好"。采访人也可以仔细观察受访人的工作环境，制造些现场感，如，"我很喜欢你窗帘的样式"。这些问题即是情感上的"预热"，也是头脑和思维的"预热"，它把握着整个访谈的方向，是整个访谈顺利进行的保障。因此正式访谈的开始，可以是寒暄式的，也可以是即兴的，但要避免轻率，切忌刚刚开始就直奔主题，提复杂问题、敏感问题。

3. 了解受访人特点

受访人的身份、性格、心理特征，记忆、理解、表达能力和表达方式各不相同，虽然大部分受访人都能够积极地与采访人正常的交流、回答、陈述，但也有一些受访人主动过头、习惯被动，这就需要采访人逐个了解、分析和评估，在采访过程中针对不同受访人，进行访谈方式、提问方式等方面的控制和引导。

（1）主动过头的受访人。一是"发言人型"，其特点是比较主动，喜欢掌握局面，不习惯被动地接受引导，有时候会显得有些主观武断、固执己见。对于此类受访人，采访人首先要尊重对方，冷静地观察和评估对方的思路，按对方的思路采访下去，让其把话说完；其次，在访谈的间隙陈述提问的要求和意义；再次，访谈过程中进行必要的提示，用比较具体的提问来引导访谈，提示受访人用自己的语言说话，说出自己的亲历和记忆，而不是大话、套话，甚至朗读已公开发表的观点和史书固有观点。二是"演员型"，其特点是把自己想象成另外一种比较合乎理想的角色，并按照理想角色的思维和言语讲述美妙感人的故事。对于此类受访人，行之有效的办法就是多提具体问题。三是"说书型"，其特点是喜欢说话，但讲的都是别人的故事。对于此类受访人，访谈人可以多问其亲身经历，考察其记忆力的真实情况；可以提些采访人确知的人和事，考察受访人提供其他人事信息的准备程度；可以就同一话题循环提问，看看受访人先后几次陈述版本的差异性。四是"讼师型"，其特点是像古代专门替人打官司的讼师，能言善辩，更善狡辩，所辩内容不一定真实，在不同立场说不同的话。对于此类受访人，访谈人首先要观测其立场，如果其立场是由其观念决定的，则访谈人可以与之讨论，如果其所呈现的立场是由其情绪决定的，则要安抚其情绪。

（2）主动性严重不足的受访人。一是"群众型"，其特点是性格较为胆小，习惯由他人输入观点，或善于察言观色。与"群众型"受访人进行访谈最重要的原则是，尽可能尊重和鼓励对方，让他们有勇气用自己的声音说话、说有关自己的话、说自己想说的话。二是"受审型"，其特点是把口述档案访谈认为是一种政治审查，用受审人的思维应对口述档案采访提问，问到即答，且尽量少答、少说，甚至并不说出自己所知的全部事实和想法。对此，采访人在访谈过程中一定要态度诚恳、耐心，消除受访人的顾虑。三是"闷葫芦型"，其特点是沉默寡言，很少开口，说话较少。对此类受访人，最好的办法是将问题提得明确而具体，用尊重、诚恳、耐心创造出一种轻松的话氛围。

（3）身心损伤的受访人。包括记忆机能衰退、理解表达能力不足、聋哑、心理受伤等情况，对于这些身心损伤的受访人，应根据其身体条件，根据医生的建议，制定具体方案。

4. 访谈形式

（1）结构式访谈（structured interview），又称为标准化访谈（standardized interviews），或正式访谈（formal interview）。[①] 结构式访谈是指访谈人在访谈过程中，运用一系列预先设计好的问题，去了解受访人的想法、意见和态度，并通过这种预先安排好的结构式问题及访谈标准化程序，降低可能出现的错误。在结构式访谈中，访谈人对所有受访人都会询问同样的、事前设计好的问题。除了很少的开放式问题之外，对于访谈人询问的问题，其答案类型常常是十分有限的，在回答时也不会有特别大的变动。

在结构式访谈中，问题和回答大都没有什么灵活性。访谈人会根据事先设计好的编码方案或记录答案，或者是根据问题的要求，把访谈的内容设计成问卷，以问卷的形式来控制访谈的进度，将问卷视为剧本，以结构化、标准化、直线式的访谈方式进行处理。因此，访谈人应当对所有的访

---

① 李向平、魏扬波：《口述史研究方法》，上海人民出版社，2010，第99页。

谈问题、访谈情境一视同仁，以同样的顺序、同样的问题询问所有的受访人，而不能在访谈的过程中随意调整或修改，以影响问题的准确性。

如果访谈的对象是一群人，他们具有共同的认知或参与同一组织和事件，这时便必须确认每个人是否都被问过相同的核心问题；尤其是有不同的访谈人一同参与时，更应当为大家准备访谈提纲，以及一张相同问题的清单。但有些受访人的特殊经历，是问卷形式无法获得的。如果遇到一些有趣却不是事先预期的状况时，访谈人可以放弃准备的问题方向。

结构式访谈有利于收集到标准而又准确的信息。对于受边疆生活环境局限、文化程度不高、不善于言谈、语言表达能力不够流畅的云南少数民族口述档案受访人可采用此访谈形式。

（2）非结构式访谈，又称为无结构访谈（unstructured interview）、非标准化访谈（unstandardized Interviews）、非正式访谈（informal interview）、开放式访谈。[1] 非结构式访谈是指访谈人在访谈过程中，并不以固定的问题或标准化的访谈大纲作为访谈指引，而是让受访人在自然轻松的语境中，表达自己的看法与意见。让受访人在讲述历史事件、历史人物时能较为自由和自主，有自己的空间和时间加入与主题相关的其他信息。此种方式适用于当访谈人对于受访人的生活形态、民族文化、习俗等不熟悉或想进一步了解受访人对某事件的认知与态度时，受访人的延展讲述。因此，非结构式访谈的每个问题都可以依受访人的特点或访谈人当时的情境，弹性运用及调整问题的内容与顺序。在访谈过程中，访谈人应尽量避免因引导或暗示，对受访人产生影响，应该让受访人尽量自然、自由地表达。

在非结构访谈中，访谈人不仅仅是问些问题而已。简单明了地将受访人的意见和评论复述一遍，往往可以激起他们的回忆，引导他们自动自发地投入到事件陈述或问题讨论之中，对受访人陈述或讨论的问题，偶尔掺杂一两句评语，可以舒缓受访人的压力，防止访谈气氛过于压抑。不过在使用这类插入评论时，千万要注意分寸的把握，适可而止，避免因自己的意见或评论误导了访谈的内容。

相比结构式访谈，非结构式访谈更能收集到比较丰富、多样的口述资料。以开放性的题目引导访谈，可以让受访人在叙事和思考时享有充分的

---

① 李向平、魏扬波：《口述史研究方法》，第 102 页。

自主权，并有足够的时间把他们认为和主题相关的信息加进来。

一般来说，非结构式访谈有三种访谈技巧①：一是循环模式，简单地说，就是一种问问题的形式，这种模式比较像一般的会话模式。因此，会话进行的方向，将会随着访谈互动情形而做调整。循环模式的发问，像是一种会话的互动历程。二是漏斗式，即发问的过程是从一般性或较广泛性质的方式开始，先让受访人参与会话，再慢慢进入比较核心或特定的问题上。这属于逐渐聚焦的访谈方式，访谈人透过彼此的交谈，将问题焦点逐渐转移到访谈人的主要目的或目标问题上。三是说故事式。这种访谈方式的第一种类型是描述问题，请受访人描述有关活动、特性或感觉；第二种类型是要受访人在回答问题前对他们经历的原始资料进行更复杂的分析，如问一些要受访人归纳、分类、摘要、量化或解释的问题。并不是所有这样的问题都会导出故事，但可以使用某个策略让受访人说出自己的故事，请受访人针对他们在会话中所做的归纳举出一些例子。访谈人可以在行为上表现出很能接受这些故事，而让受访人愿意陈述他们的故事。说故事式的风险在于，可能受访人创造了一个好故事，但扭曲了其真实性；优点在于，可以让受访人更自由地陈述，而不是限定在访谈人的答案上。

（3）半结构式访谈（semi-structured interviews），又称为半标准化访谈（semi-standardized interviews）、引导式访谈（guided interview）。② 半结构式访谈，是介于结构式与非结构式访谈之间的一种访谈方式。访谈人在进行访谈前，根据口述档案采集的目的与内容设计访问大纲，作为访谈指导方针。半结构式访谈大纲的设计只是为了让访问进行得更流畅，所以在引导式的问题之后会紧随着开放说明式的问题，用以询问受访人的感受、认知与内在想法。半结构式访谈是一种适合于需要深入了解某一历史事件，或者是个人生活经历，或者是将先后获得的口述访谈资料进行比较的访谈方式。

半结构式访谈有以下优点：一是半结构式访谈对特定问题，往往可以采取较为开放的态度来进行口述资料的收集，且经常会有意外的收获；二是当受访人在访问过程中受到较少限制时，往往会采取较开放的态度来反

① 李向平、魏扬波：《口述史研究方法》，第104页。
② 李向平、魏扬波：《口述史研究方法》，第107页。

思自己的经验；三是有利于深入了解某一历史事件，或者是个人生活经历，或者是将先后获得的口述访谈资料进行比较。

例如，访谈人想要了解受访人宗教信仰问题，就可能采用半结构式访谈，其访谈大纲的设计如下①：

引导式访谈提问：请问您曾经接触过哪一种宗教或者参加过什么宗教活动吗？（如果受访人有接触宗教或参加过宗教活动的经历，那么访谈人可以继续询问如下问题）

开放说明问题：是不是可以请您告诉我，您是在什么时候接触宗教的？怎样参加第一次宗教活动的？（假若受访人已经说明了他/她接触宗教或者参加宗教活动的具体经历和具体感受，那么，访谈人就可以尝试访谈如下问题）

跟进提出问题：请问这些接触和活动，对您后来选择宗教和信仰宗教是否具有直接的影响？它是否使您改变了原来对宗教信仰的某些态度？或是强化了您原来对宗教信仰的某些认识？

（4）叙事访谈法。叙事访谈法是指按事件发展的先后顺序，由访谈人引导受访人叙说出完整故事的访谈方式，即"事情是如何开始的"到"事情是如何发展的"再到"事情的结果是什么样子的"的访谈过程。在这个过程中，访谈人只是一个听众，仅使用某些声音信号，如鼓励受访人继续叙说的"嗯"，或者是使用身体语言，或者是一个眼神，来传达其对叙说故事与观点的理解。叙事访谈方法能清楚呈现受访人实际的生命历程、故事的本来面貌，这是其他访谈形式所不能及的。

叙事访谈法的特点②：一是在访谈过程中，受访人的叙说能够获得某种程度的独立性；二是受访人"知道"自己的生活，并能够知道自己表达自己生活的程度，远远超过他们能整合自身及自身生活理论的程度；三是在回顾经验的叙说中，叙说者作为行动者，基于自身曾亲身经历的原则，能够陈述自己生命中的那些事件。

（5）示范式访谈。所谓示范式访谈主要是指在采集非物质文化遗产传承人的传统音乐、传统舞蹈、传统戏剧、曲艺、传统技艺、传统体育、游

---

① 李向平、魏扬波：《口述史研究方法》，第108页。
② 李向平、魏扬波：《口述史研究方法》，第120页。

艺和杂技等时，需要传承人进行唱法、手法、动作等的示范性表演而采取的访谈形式。

5. 提问

当访谈人掌握各种访谈形式之后，应合理、灵活地使用各种访谈形式进行提问。提问是采访人以提出问题的形式挖掘受访人记忆的一种访谈法，通过有效的提问，访谈人与受访人之间建立沟通互动的桥梁，把话语权限交给受访人，唤起受访人的记忆，提供分析问题的脉络资料，因此采访的成败很大程度上取决于提问的正确与否。采访人必须重视提问原则和技巧。[①] 访谈过程中的提问应注意以下几点原则。

（1）中立，访谈人应始终保持中立态度，尽量不要使用带有指向性、色彩性和定性的词语或句子，尽量不要使用带有明显感情色彩的词语，如"高级""低级""优秀""低劣""先进""落后""反动""保守""激进"等。

（2）专业，访谈人应熟悉受访人的基本情况、掌握相关内容的专业术语和相关事件的时间、地点、基本脉络，整个访谈过程，应理清思路，分清主次，按照一定的顺序有条理、有步骤地进行提问，避免用生硬或不相干的问题干扰受访人的思路。

（3）简洁，提问语言要简单明了，避免过空、过泛、过大。

（4）自然，访谈是一种面对面的交流活动，要保持自然的心态，提问要注意语气、语调和节奏，避免出现审问式、压迫式以及过于直率的提问。

（5）渐进，提问时不能毫无原则和方向，不能泛泛而谈，不能没有目的和主旨，而是要按照一定的主题，遵循由浅入深、由表及里、由此及彼的逻辑顺序。

访谈问题的种类一般可以分为六种，即定位性问题、共同性问题、特定性问题、封闭性问题、阐发性问题和引导性问题。当然，这些划分不是绝对的，每种问题都有各自的优势和特点，都能从不同角度获得对主题有用的信息。访谈人在设置问题时应该采取相互结合的原则。

（1）定位性问题。即关于受访人的基本信息，如姓名、年龄、出生、成长、家庭成员等。这些问题可能在初步访谈中都已经问过，但并没有做正式记录。所以这些问题还需要通过录音记录下来，以便将来的研究者能

---

① 李涛：《论口述档案的搜集》，《档案学研究》2008 年第 5 期。

够全面地了解整个访谈。从这些问题中，研究者可以描绘出受访人的社会关系和家庭关系，对接下去的访谈很有帮助。访谈人可以从受访人的家庭成员入手，引出有关他自己的经历和内心的感受。

（2）共同性问题。即把同一个问题同时向几位受访人提出，这样做不仅可以搜集到来自各方面的更为详细的信息，同时也可以从不同受访人的回答中对访谈资料进行比较，以相互印证受访人叙述的真实性。

（3）特定性问题，即依据每个受访人的具体情况设计完全不同的问题，以此获得每位受访人的独立信息。

（4）封闭性问题。即那些仅仅需要做出简短回答的问题，比如"是""不是""什么时候""谁""为什么"或者数字等。封闭性问题会让受访人无法谈话，给受访人造成太多的限制。当然封闭性问题在访谈中也有着重要的作用，特别是需要掌握既定的时间或特定的问题时。不过，问过封闭性问题之后应紧接着提问开放性问题，以此让受访人提供更丰富、更深入的信息。正如唐纳德·里奇所说："在开始限制问题之前，访问人应当让受访人解释他们所认为最有意义的事情"，更有学者认为"最好的口述历史是受访人的准独角戏"。

（5）阐发性问题。即允许受访人自由发挥的问题，这样的问题设置内容要求比较宽泛，它不是封闭性的，而是开放性的，可以唤起受访人自己记忆深处的感知，从而自发地叙述所有相关的片段或关联事件。比如，有两个问题："您小时候在哪里长大的？""您能告诉我有关您成长的地方的情况吗？"很显然，第二个问题，对于受访人来说有更大的发挥空间。受访人不仅会告诉你他成长的地方的"地名"，而且会向你解释那个地方的过去、现在及各种具体的情形。

（6）引导性问题。即会直接影响到受访人的回答倾向，甚至改变受访人本来意图的问题。例如，"在一般情况下，您会支持哪种宗教？更加认同哪一个宗教在人际交往中的作用？""您觉得在这个社会中，有您更加喜欢的宗教信仰方式吗？"两个问题之中，第一种提问，会使受访人带有比较强烈的被控制倾向，因为访谈人加入了自己的个人观点和价值判断，或许受访人并不认为他自己会喜欢宗教，甚至是对宗教信仰一点也不理解。这样的问题，很明显会使访谈难以友好地进行下去。所以，这种方法做下去具有一定的危险性，它会让受访人感到一种被访谈人的意志所控制的感觉，只能回答访谈人希望听到的回答。而这个访谈结果，本质上是与口述史学应当遵循的方法是相违背的。第二种提问就显得比较中立，受访人可以先做出自己的价值判断，然后再解释自己为什么会做出这种判断。

6. 倾听

所谓倾听就是积极地听、主动地听，倾听如同提问一样是获取信息的最重要手段，在很大程度上影响着访谈的效果，只有学会倾听才能更好地进行提问。

（1）倾听要专心、耐心。专心听，就是把注意力集中在受访人所回答问题的内容上，而不是集中于访谈的形式和步骤上，根据受访人的陈述内容，及时发现之前忽略或遗漏的重要信息点，随时调整问题，进而采取回避、修正和追问的措施。专心听，还要听出受访人在谈话时所伴随的声、气、息。声、气、息的基本功能是传达意象的含义[①]，只有专心致志地倾听，才能听出这些意象传达的"弦外之音"。耐心听，就是访谈人应真心地听、虚心地听、愿意听，让受访人"越来越自由、准确的描述，回忆自己的思想、经验和情感"[②]，而不是无理地插话、打断、强加自己观点，即使在追问时也应该找准合适的机会，试探性地提问。

（2）倾听要适当的回应。在访谈过程中，访谈人的倾听不是哑口无言、无动于衷地听，而要适当运用一些复述性、总结性、评论性的语言来强化倾听的效果，让受访人感受到自己是受尊重的、是被认同的，如，"原来是这样啊""您是说……""按我的理解，你的意思是……""我是不是可以这样理解""您讲到的这个细节，我还从没听说过""太有意思了"。也可以使用合适的表情、语言或肢体语言，给受访人以认可和鼓励。倾听中适当的回应，在一定程度上可以传递给受访人以诚恳的心理暗示，让受访人讲述更多的故事、更多的细节、更多的感受。

（3）倾听要注意受访人的非语言信息。在面对面的交际中，信息的社交功能只有35%是语言行为，其他都是通过非语言传递的。纳日碧力戈说："在口述史操演中，语调起着非常重要的作用，抑扬顿挫，喜怒哀乐，尽在

① 钱冠连：《汉语文化语用学：人文网络言语学》（第二版），清华大学出版社，2002，第121页。

② 陈向明：《教育研究中访谈的倾听技（艺）术》，《教育理论与实践》1998年第4期。

其中，语调本身就能够表达多义。""语调、眼神、手势、氛围、讲者、听众等现场要素，都会串通一气，表达丰富微妙的意思，不置身其中便不可能捕捉、不能感悟"。① 因此，访谈人在访谈过程中除了用耳倾听，还应用眼观察、用心感受受访人的行为举止、面部表情等非语言信息。

7. 互动

访谈过程中，访谈人绝不是按提纲把问题问完就可以了，而应该在不破坏受访人情绪或干扰其思路的前提下进行适当互动。

（1）追问。若受访人因年代久远，记忆偏差，遇到记忆不清晰或对问题不理解、事件重要信息记忆中断等情况时，访谈人需要凭借自己掌握的知识进行巧妙的追问，印证事情的真实度。对于发现的新信息点也应该追问。追问的方式、语气、语调一定要柔和、谦虚，避免引起受访人的反感。

（2）复述。简单明了地将受访人的意见和评论复述一追，往往可以勾起受访人更多的回忆，引导他们自动自发地投入问题讨论之中。

（3）评论。在发问的题目中，偶尔掺杂一两句评语，可以舒缓一下讨论的压力。在使用这类插入的评语时，务必要注意分寸的把握，适可而止，避免以自己的意见或评论误导了访谈的内容。

8. 记录

除了访谈过程中的录音、录像等记录方式外，访谈人现场速记受访人的口述内容时，务必做到客观、公正、忠实，切记夹杂采访人的主观情感，更忌讳为了达到某种效果而故意增添或删减信息，或者杜撰事件的内容，对于受访人的语气、语调、神态、举止等信息也应在记录中进行标注，方便在制作转录稿时参考。

第三节　反馈控制——采集后期

口述档案的建立并不是随着访谈工作的结束就大功告成了。访谈只是采集工作的一个环节，访谈过程中初步形成的文字记录、录音、录像、照片等材料，还不能称为档案，仅仅是口述档案的"毛坯"阶段，只有按照

---

① 纳日碧力戈：《作为操演的民间口述和作为行动的社会记忆》，《广西民族学院学报》（哲学社会科学版）2003 年第 3 期。

一定的规则进行整理加工、归档保存之后，才能成为具有真正意义的口述档案。口述档案的整理与采集是不可分割的有机整体，整理是对采集工作反馈控制的重要环节，因此口述档案的整理阶段被称为"采集后期"。所谓口述档案的采集后期是指按一定的原则和方法，将初步采集、处于零散状态的口述档案进行转录、考证、分类、组合、排列和编目等，使之构成有序整体的一项档案实体管理工作。[①]

反馈控制，又称事后控制。工作人员对结果进行分析，比较预期目标与最终结果的偏差，查找原因，及时纠正错误，调整工作方案，以期达到最终目标。基本过程为：以预期目标为标准衡量实际成效—确定偏差—分析造成偏差的原因—确定纠正方案—贯彻纠正措施。口述档案访谈结束后，同样需要将采集结果与采集预期目标进行对比分析，查找采集的实际绩效与采集主题是否一致，采集的档案是否完整、是否真实可靠等，这一系列的对比分析工作需要在后续的转录、核校、分析、分类编目、归档保存、开发利用等工作中完成。如果在此过程中，发现访谈时忽略了的疑惑、漏洞，或者信息不完善、前后不一致等现象，口述档案采集团队应尽快制定应对方案，如请采集对象参与转录、重新采集、扩大采集线索等措施，作者从受访人、口述档案采集过程、口述档案自身等三个维度，设计了口述档案采集规范化评估指标体系（见表3-3），以期将所采集到的口述档案与该指标体系进行对比，查找偏差，确保所采集到的口述档案具有存凭、留史、资政、育人的价值，发挥记录历史、传承文明、服务社会、造福人民的作用。

表3-3　口述档案采集规范化评估指标体系

一级指标	二级指标	指标内容
受访人维度	客观性	受访人所讲述的内容客观真实，完全是对历史事件或活动的亲见、亲闻
	完整性	受访人所讲述的内容为自己的全部所知，未进行任何隐瞒
	参与性	受访人参与了访谈、转录、核校、对不公开内容进行标注、签订授权使用书等工作

① 华林：《档案管理学新论》，中国社会科学出版社，2010，第119页。

续表

一级指标	二级指标	指标内容
口述档案采集 过程维度	主题性	所采集到的口述档案与预期规划的主题内容相符
	客观性	在采集整理过程中完全按受访人的讲述进行记录和转录，未做任何删减、更改、修饰
	完整性	所采集口述档案的录音、录像、文字稿本，收集到的各类文献资料，采集过程中形成的表单等均齐全
	规范性	口述档案采集和整理均按国家统一的规划标准进行
	可用性	对口述档案进行规范化的归档管理，存储格式符合国家标准，方便读者进行检索和利用
口述档案 自身维度	原始记录性	所采集到的口述档案具有档案的原始记录性，即口述档案是受访人（当事人、亲历者、见证人等）对历史事件或活动的原始记忆再现
	价值性	所采集到的口述档案具有较高的史料价值和文献价值

一　采集后期原则

1. 保持少数民族口述档案的原始性

对采集到的口述内容进行文字转录时，必须忠实完整地转录受访人的口述原话，对原有语言不得进行任何概述和删减，不做任何润色和修饰，严格排除将整理者的个人倾向、误解、臆测等加入转录稿中，严格排除以整理者的主观价值取向决定原始口述内容的取舍。即使在转录过程中发现受访人讲述的时间、地点、人名、事件背景等细节信息与现有前期所掌握的资料记录不相符，或此受访人与其他受访人所述内容相矛盾，或同一个受访人所讲述的内容前后不一致，转录人员也不能按照了解的现有"客观事实"进行修改，更不能按照自己的主观意愿进行修改，而应始终保持一位观察者的客观立场，进行原始转录，同时做好标识，后续再进行多方核对。

2. 保持少数民族口述档案的文件历史联系

整理口述档案时应遵循口述档案的形成规律，保持口述材料之间的有机联系，维护口述档案的系统性和完整性。在来源上，必须保持其来源方面的固有联系，即同一口述人的口述档案应作为一个整理单位，不可随意拆散；在内容上，由于口述档案的形成是围绕解决某一方面问题或研究某一方面事件而开展的，因此同一事件或主题的口述档案应作为一个整理单位；在形式上，访谈过程形成的档案材料包括录音、录像、照片、文字等多种形式或多种载体，文件的不同形式有其各自的特定作用，因此，在口述档案整理工作中应尊重文件之间的形式联系，即同一人物或同一事件所形成的各种形式口述档案应做好关联。

3. 便于少数民族口述档案的保管和利用

档案整理工作的最终目标是为了对档案实体进行科学的管理和提供有效利用。因此，口述档案整理工作要制定科学的分类方案，采集过程中形成的录音、录像、照片、纸质材料、实物材料等的整理方法要参照国家有关规定执行，归档保存，纸质文件和电子文件整理协调统一，形成一个便于保管和查找利用的有序化管理系统。

二 签署授权书

访谈活动结束之际，工作人员要对受访人表示感谢，同时和受访人讲清楚采访内容会形成什么样的形式，比如视频、录音录像、照片、文本等，也要让受访人清楚采访形成的档案会放在何处，会有哪些用途，会给自己本民族的文化传承带来什么样的积极影响，告知受访人需签署授权书（权利转让文件）等事项，明确口述访谈内容的公开范围和期限，以法律形式规范双方的责任和义务。除了向受访人表示诚挚的谢意外，还应按照国家标准支付一定酬金，并与其进行合影留念，告诉受访人这些照片具有重要的纪念意义和珍藏价值。

三 核实信息

认真填写口述访谈记录单，并再次核实受访人的姓名、年龄、性别、访谈时间、地点等基本信息，确保所填信息准确无误。

四 文献收集

1. 文献收集的内容

访谈结束后，还应向受访人介绍文献收集在口述档案采集工作中的意义和重要性，以及受访人在收集文献资料中所起到的重要作用，请求受访人贡献相关的文献资料。

（1）纸质文献。纸质文献是以纸张为载体，用书写或印刷等方式记录知识、信息的文献，又可分为写本文献、印刷文献、盲文出版物等。根据出版情况，又可分为正式出版物和非正式出版物。正式出版物包括：图书、期刊、古籍文献、报纸、地图等。非正式出版物包括：政府出版物、行业出版物、会议纪要、学位论文、科技报告、标准文献、拓片、设计图纸、乐谱、脚本、剧本、产品资料、广告传单、票据、笔记、日记、书信、手稿、画稿、家谱、族谱、处方、医案、节目单、论文集、诗文集、地方资料、同乡（学）录、民间刊物，以及传承人申报材料、申报辅助材料等。

（2）缩微制品、音像出版物与电子文献。与口述档案采集对象直接或间接相关的一切缩微制品、音像出版物和电子文献，均在收集之列。缩微制品包括：缩微胶片、缩微卡片、缩微印刷品等。音像出版物包括：录音带、录像带、DVD、VCD等。电子文献包括：电子图书、电子图片、录音资料、影像资料等。如收集到的缩微制品与纸质文献内容重合，优先选择纸质文献。

（3）实物文献。实物文献是指与口述档案采集对象直接或间接相关的各类器物与场所，对于可获取的实物文献，应妥善保管原件，并进行数字化处理；对于不可获取和不可移动的实物文献，如工作场所、文化空间等，需采取拍摄或扫描等方式记录保存。各种器物包括：劳动工具、生活用具、装饰品、服饰、照片、证书、奖章、奖品、印章、纪念品等。场所包括：工作场所、教学场所、生活场所等。

2. 文献收集的来源

文献收集的来源包括：（1）口述档案采集对象本人所拥有的资料，以及就读的学校、工作单位或曾经工作过的单位，传承人之亲友、同事、同学等；（2）与采集对象有关的单位，如行政单位、事业单位、行业组织、大专院校、科研机构等；（3）文献保存机构，如图书馆、档案馆、博物馆、群众艺术馆（文化馆）、展览馆、方志办、政协文史委等；（4）媒体单位，如电视台、广播电台、报社、杂志社、出版社、网站等；（5）是其他，如民间收藏组织、商业组织、个人等。

3. 文献收集的方式

收集方式包括：缴送、调拨、购买、捐赠、复印或复制、交换等。对于确知存在却又无法获取的口述档案采集对象相关资料，应在附件《文献收集目录》中备注说明，以便在条件许可时予以收集。

4. 文献使用权限说明

对于已获取的各种类型的文献资料，均应通过签署《文献收集与使用授权书》等方式明确使用权限，避免可能引起的法律纠纷。在进行文献资料调查收集时，应获得原始资料拥有者及著作权人等相关权利人的授权，并将授权书放入工作卷宗。对于无法获得所收集文献的使用权或著作权授权的情况，须作免责声明，同时进行使用权征集。若所收集文献存在著作权争议，需作标注，说明争议具体情况。

五　转录工作

1. 转录的必要性

所谓转录是指将口述访谈过程中形成的录音、录像内容转换为书面文字材料的过程。基于以下几个原因需要把录音转录为文字：一是文字稿便于研究者利用。档案资料因其具有极高的史料价值，是研究人员眼中的"无价之宝"，口述档案文字稿较录音稿具有直观、便捷等特点，研究者能够通过文字稿快速了解通篇口述档案内容，提取所需的相应信息，同时文字稿还方便进行抄录、扫描、影音、复印。二是文字稿便于长久保存，口述访谈录音的形成、存储、利用均需要依靠相关的电子设备，而电子设备的稳定性和保存期限还有待检验，将口述录音转录成文字稿形式，二者互为备份，能有效降低安全隐患，更便于口述档案的长期保存和利用。

2. 转录人员

转录工作看似简单，但实际做起来很辛苦，需要转录者逐字逐句地听、"原汁原味"地记录，特别是云南少数民族口述档案的转录工作，由于口述人多数是边疆民族地区干部和群众，不善言谈、普通话不标准、方言多等，给转录工作带来极大的挑战，口述档案的转录人员既要具有丰富的转录经验，又要有高度的责任感。转录人员一般由以下人员承担：访谈人，访谈人全程参与了口述档案采集，不仅熟悉采集的主题、事件、人物背景，而且其完全熟悉访谈情景和受访人的口述内容，因此访谈人是转录工作的最佳人选；专业的转录团队，由于访谈人工作任务繁重，无法在短时间内完成转录工作，因此在经费允许的条件下可以将转录工作外包给专业的转录团队，他们既有口述档案的转录经验，又有快速的听写打字能力；对转录工作有兴趣的大学生，为了有效应对民族语言和方言的障碍，最好是根据受访人所属民族和所在地区，挑选相应民族和地区的大学生组成口述档案转录小组，由采集团队负责人或访谈人向转录小组介绍采集主题、采集内容、相关背景，并对转录的方法、文字稿的要求进行培训，先将录音、录像的记录内容初步转录成文字稿，然后再由访谈人仔细核对，这样能有效节省时间。

3. 转录要求

口述档案转录要求是实事求是，忠实完整，即说什么转录什么，不做任何删减，不做归纳概括。第一，听录音时要充分理解受访人所要表达的言语要义，对于含混不清的言语，要结合前后语句反复听，直至听清为止，对实在难以听清的词语，应做好标识[1]；第二，可同时利用口述录音和现场录像，两者互为补充便于更准确地进行转录，将访谈过程中口述者的神态、表情、眼神、语音、语调、手势、体态动作等非语言行为标识出来；第三，访谈过程中，访谈人与受访人所进行的互动和交流内容也应进行转录，尽可能还原现场状态；第四，口述中涉及的时间、地点、事件、人名、作品名等，转录者应尽可能地多方了解和核实，避免由于口述者年龄、口齿、方言等因素造成的错误，导致转录错误或曲解受访人原意。

4. 转录内容处理

在前面关于口述档案的整理原则和转录要求中笔者多次强调转录需要保持原始性和忠实完整，但这样整理转录出来的口述档案包含了一定的无用信息和语句不通顺、句子不完整、前后矛盾的情况，实在不便于读者利用。因此笔者建议应制作两个版本的转录稿：第一版本的转录稿为"口述原稿"，即根据录音、录像——照录而形成的转录稿，它体现着口述档案的原始性和真实性；第二版本的转录稿为"口述通稿"，即为了读者易于理解，在不改变口述者原意的情况下对"口述原稿"进行的适当删减、修改和标注。

---

① 朱丽梅：《口述档案的整理分析及保管利用探讨》，《兰台世界》2012 年第 9 期。

（1）关于对少数民族的特殊术语和专有名词的处理。术语和专有名词是专业领域中用来表示特定理论体系中普遍概念的专用词汇单位，具有凝合性和整体性。[1] 云南各少数民族在历史长河中创造了很多具有鲜明个性的民族术语和专有名词，覆盖了节日庆典、丧婚嫁娶、生产生活等生活中的各个方面，例如傣族的"赶摆"、哈尼族的"苦扎扎"。对于这些少数民族特殊术语和专有名词在转录过程中应将其直接转录，而不转换为普通话，以免曲解原有意思，并编制与采集主题相关的特殊术语和专业用语词汇表，以便对照核准。[2]

（2）关于对国家、地名、人名、机关、团体、企事业单位和其他组织和个人的名称的处理。对于上述名称在转录过程中应使用全称或通用简称[3]，如在口述材料中发现不准确或不规范的，应进行纠正；对于在历史中出现的上述名称，后由于改革和调整已不复存在的情况，转录者经过缜密的考证后仍采用原名称，要在文字材料中加注释进行文字说明。

（3）关于对民族语言和方言的处理。在云南少数民族口述访谈中，由于受访者的语言习惯，他们认为对于普通话不便表达的部分，或者用本民族语言或本地方言能更清楚生动地表达意思的部分，经常会插入民族语言或地区方言访谈的情况。在转录民族语言和方言录音时，应翻译成普通话进行转录，例如，纳西族的"簸瞌睡"转录为"想睡觉"，"三不打失"转录为"偶尔"；西双版纳傣族的"京豪"转录为"吃饭"；楚雄彝族的"热头"转录为"太阳"。如果实在是无法用普通话准确地表达受访者所述的意思时，可以采取对民族语言或方言进行音译，并添加注释的方法。[4]

（4）关于对无实质意义的语气词、口头禅的处理。由于受访者的讲话习惯不用、文化水平不同，并且是在边回忆、边思考的情况下进行讲述的，所以访谈中经常会出现"嗯""唉"等无实质意义的语气词，以及"我想想啊""是怎么回事着？""是这么回事"等无实质意义的口头禅。访谈者为了访谈效果的互动性，也会经常使用"哦""啊""这样啊"

① 蔡梦月、吕唯蓉：《容易被误读的云南少数民族传统文化术语之解析》，《现代语文》（语言研究版）2016 年第 6 期。
② 丁钰镔：《〈口述史料采集与管理规范〉解读》，《中国档案》2018 年第 10 期。
③ 丁钰镔：《〈口述史料采集与管理规范〉解读》，《中国档案》2018 年第 10 期。
④ 陈祖芬：《妈祖信俗口述访谈记录的转录与档案整理》，《档案学通讯》2013 年第 1 期。

"太有趣了"等附和性的语气词，如果将"嗯""啊"这些无实质意义的语气词都一一转录的话，会降低阅读效果，因此我建议如果这些语气词或口头禅没有任何实质意义，只是受访者的一种说话习惯，而没有起到强调作用时，在进行文字转录时可不必按原话照录，也不对意愿做任何修改工作，删除即可；但如果语气词具有加重语气、起强调作用是需按原话照录的。①

（5）关于对不完整、不连贯和语法错误句子的处理。由于口述过程中受访者基本是边想边说，因此难免出现一个主题内容没有讲完，又讲到其他的主题，或是句子不完整、不通顺的情况，如果按原话一一转录，会显得文字稿过于凌乱、琐碎，容易令读者费解或引起曲解、误解。为便于研究者阅读，增强整个口述内容的连贯性、完整性和可读性，转录者需要在不改变口述者原意或表述的情况下进行适当的修改。对于不完整的句子，需要添加缺失的主语、谓语或宾语的语词；对于不连贯的句子，需要进行前后语句的调整和补充；对于语法错误的句子，需要按语法标准进行修改完善。对于任何修改部分都必须加上括号并标明所补充或修改的语词，最后还要由受访者确认。②

（6）关于对内容重复句子的处理。对于年纪大的受访者，常常由于记忆力减退，出现前面刚讲过的内容而后面又多次重复讲述，讲述对于这种情况③，在转录的口述通稿中应按照访谈实际的各单元主题进行内容重复部分的整合，删除重复的词语和句子，使口述通稿的文字精练、脉络清楚。

（7）关于对年份和日期的处理。人们通常会用省略的方法表达年份，例如：把"2005 年"说成"05 年"，对于这种情况，为了标准而清楚地表明年份④，在转录文字稿时应将简称改成全称，即"05 年"转录后记为"2005 年"。还有部分受访者习惯用天干地支纪年法和农历纪日法，例如，把"2005 年 10 月 1 日"说成"乙酉年八月廿八"，对于这种情况，为了按国家统一的日期记录标准，在转录文字稿时应在天干地支纪年法和农历纪

---

① 陈祖芬：《妈祖信俗口述访谈记录的转录与档案整理》，《档案学通讯》2013 年第 1 期。
② 陈祖芬：《妈祖信俗口述访谈记录的转录与档案整理》，《档案学通讯》2013 年第 1 期。
③ 陈祖芬：《妈祖信俗口述访谈记录的转录与档案整理》，《档案学通讯》2013 年第 1 期。
④ 陈祖芬：《妈祖信俗口述访谈记录的转录与档案整理》，《档案学通讯》2013 年第 1 期。

日法后面加上括号并以对应的公历纪年和纪日法为标准。

（8）关于对受访者不同意公开部分内容的处理。在访谈结束后，访谈人均已详细征询受访人哪些访谈内容是不予公开的，并签订了《著作权授权书》，因此我们应尊重受访者的隐私权，对其不同意公开的内容部分，在文字转录"口述原稿"中正常转录，而在"口述通稿"中的相应位置注明"本段文字未经受访者允许，不宜公开"字样或其他类似意思的字样①，而对于"口述原稿"和访谈录音、录像不予公开。

（9）关于对明显失真或存疑部分内容的处理。由于访谈内容涉及的时间跨度大、范围广、内容多，受访者受记忆减退、记忆模糊，碍于自尊心、事件参与程度、担当的角色等多方面限制，受访者可能存在内容陈述错误、故意隐瞒编造客观事实的情况，影响到口述档案的可信度和真实性。在转录时如发现是由于受访者记忆模糊或口误等原因导致的非主观性失真，例如，"同志一起讨论确定，这部书的注释体例也是我定的，是由散文正文、作者小传、注释、题解这几个部分组成的。比如《滕王阁序》的作者骆宾王是什么人？哪年生的？哪年死的？为什么写这篇《滕王阁序》在作者小传里要讲清楚。"我们能明显发现受访人所述的"《滕王阁序》的作者骆宾王"是错误的，转录时我们应将错误内容进行更正，并加上括号进行标明，即"《滕王阁序》的作者王勃（编者更正，原'骆宾王'）"，最后还要由受访者确认。如发现是由受访者故意隐瞒或编造而有失偏颇的内容，由于"受访者代表的是其自己"，我们仍应照原话转录，但需进行一定的技术处理，让读者能够独立判断，即在原话转录内容后加括号，括号内标明"口述档案中的受访者的观点不代表的转录者观点"。同时，如果访谈者可以为读者提供参考文献，不妨一并附于文后。②

5. 转录格式

口述档案的转录可采用以下三种格式。

（1）按访谈的流程顺序进行转录，即访谈一般采用一问一答方式进行，口述档案的转录格式也可采用"提问—回答"的方式进行，这也是口述档案最常用的转录格式。其优点在于：一是能够较真实的再现访谈过程的互

---

① 陈祖芬：《妈祖信俗口述访谈记录的转录与档案整理》，《档案学通讯》2013 年第 1 期。
② 陈祖芬：《妈祖信俗口述访谈记录的转录与档案整理》，《档案学通讯》2013 年第 1 期。

动情景，能够较完整地保留访谈时的口语形式和口语信息，能方便验证访谈内容、访谈逻辑是否正确；二是由于采用一问一答、一一转录的方式，转录内容翔实、完整，便于后续对口述档案进行话语分析、文本分析和内容分析，对于每一种分析，都将有助于对受访人思想、经验、生活，甚至是人格特质的真实了解，从而构成了口述档案研究的一个基础（见图 3-3）。

标题（口述访谈文字实录）

访谈时间：xxxx 年 xx 月 xx 日 xx 点 xx 分—xx 点 xx 分
访谈地点：xxxxxxxxx
受访人：xxx
访谈人：xxx
访谈主题：xxxxxxxxxxxx
文字转录人：xxx
xxx（访谈人姓名）：xxxxxxxxxxxxxxxxxxx
xxx（访谈人姓名）：xxxxxxxxxxxxxxxxxxxxxxxxxxxxxxxxxxxxxxxxxxxxxxxxxxxxxxxxxxxxxxxxxxxxxxxxxxxxxxxx
xxxxxxxxxxxxxxxxxxxxxxxxxx
xxx（访谈人姓名）：xxxxxxxxxxxxxxxxxxxx
xxx（访谈人姓名）：xxxxxxxxxxxxxxxxxxxxxxxxxxxxxxxxxxxxxxxxxxxxxxxxxxxxxxxxxxxxxxxxxxxxxxxxxxxxxxx
xxxxxxxxxxxxxxxxxxxxxxxxxx
……

访谈人（签名）：　　　　　　　　　　受访人（签名）：
年　月　日　　　　　　　　　　　　　年　月　日

图 3-3　问答式转录格式

（2）按访谈的主题内容进行转录，根据前期口述档案的采集规划、采集主题进行内容划分，标记出每个主题内容录音的起止时间，尽可能概括总结出相应的小标题，便于进行检索和核对。

（3）按事件的时间顺序或受访人的人生轨迹进行文字转录，这种方式是把整个口述访谈视作一个完整的文本，转录过程中可将整个事件或人生轨迹划分为若干小时间段，同样尽可能概括总结出相应的小标题。

6. 转录核校

待口述文字稿转录完成之后，需有转录人、采访人、项目负责人、受访人的“四级校核”方式，校核应根据口述访谈的录音和录像进行，确保转录稿和口述访谈内容一致，校核的重点包括：访谈中出现的人名、地名、专业术语等专有名词；访谈中出现的缩略名称，如人名、单位名称等；访谈中出现的民族语言和方言；发音和书写相同，但意思相反的词语；由于受访人表达不清或现场录音不清晰的词语。

采访人和项目负责人在校核过程中，如发现存在错误和遗漏，需进一步安排补访或扩大采访范围。最后由受访人对转录稿进行核对，原则上受访人有权对转录稿进行修改完善，若无修改，受访人则直接签字确认；若受访人发现某些方面没有讲清楚，则可以进行当场补录，包括音视频录制和文字记录，受访人再次核对后签字确认；若受访人对转录稿修改和删减内容较多，已改变了原有观点或立场时，需对修改部分再次进行访谈，访谈人需要对所修改部分进行提问，了解修改的原因。此外，受访人需要对保密的内容进行标注，并注明保密期限。受访人确认转录稿内容、保密确认签字后，口述档案的转录工作才算结束。

六　考证分析

1. 考证核实

"补史料之遗、匡史书之误、补档案之缺、辅史学之证"是口述档案的独特功能，但相对于纸质档案和文献资料，由于口述档案采集是以回忆方式进行，难免出现错误或失真的内容，需要对其采取审慎的态度进行考证、核实，以此提升口述档案的史料价值。

（1）史料佐证法，即利用现有纸质档案、文献资料等与采集的口述档案进行比对核验。当口述档案与现有文献相矛盾时，口述档案采集团队需进一步挖掘和拓展文献范围，以考证究竟哪一方面的档案文献更为正确，但如果无法进一步核证时，应暂以现有的纸质档案或文献资料为准。①

（2）当事人互证法，即由两个或两个以上的事件当事人相互印证。如果受访的当事人对同一事件或同一人物的意见存在分歧时，口述档案采集团队应根据采集规划和采集主题进一步梳理采集对象，确定采集方案，再次根据采集对象的口述内容并结合受访的当事人的个人经历、教育程度等因素进行比较分析。

2. 分析阐释

所谓口述档案分析是指对经过采集、转录、考证后的口述档案进行内

---

① 朱丽梅：《口述档案整理与分析探讨——以华南理工大学建立口述档案为例》，《中国档案学》2012年第6期。

容展开，对其中的关键信息进行梳理、分类、归纳、总结，串联个案中的共性和个性，探究同一主题中各事实、事件、话语互动之间的相关性，提炼受访人的思想、经验、生活，甚至是性格特质，为口述档案研究提供逻辑框架和核心概念。对口述档案的分析一般可以分为以下几种。

（1）事件分析法，事件分析也称情景分析，即按照口述档案中事件发生过程或时间顺序，对情节和人物进行描述和分析。

（2）描述分析法，即对口述档案中的个案进行分析和综合，归纳出研究对象的特征和本质。

（3）内容分析法，是一种对口述档案内容进行客观、系统和定量描述的研究方法，即对口述档案内容中所含信息量及其变化的分析，由具有表征意义的词句推断出准确意义的过程。

（4）叙说分析法，是指根据受访人所叙述的经历、感受和历史评判等，分析和诠释当事人个体与社会整体之间的脉络关系，以此作为口述档案分析的基础。口述档案采集团体应根据采集预期目标，结合原始录音、录像，对访谈转录稿中的内容进行分析研究，最后形成对人物、事件、历史较为全面的理解和认识，补充和论证现有文献的不足，发挥档案的参考和凭证作用。

七 文本整理

1. 建立全宗

为了便于对少数民族口述档案的管理，应按照少数民族实体档案的常规整理方法进行分类整理，为口述档案建立单独的全宗，再根据口述档案的种类进一步细分为事件全宗、个人全宗、非遗全宗等，编制少数民族口述档案全宗号汇总表，探索出一套行之有效的管理方法。

2. 科学分类

确定口述档案全宗后，就要对全宗内的档案进行分类。最好采取大分类、小归类的方法进行，即在一个全宗内，以"问题—受访人—年度—保管期限"的方式将口述档案材料分为不同类型，再将每次采访过程中形成的资料统一归卷。根据目前云南少数民族口述档案采集情况，一级类目可分为以下几种。

（1）根据口述档案采集主题分为经济、社会、文化、生态等，将同一主题而不同受访人所形成的口述档案按采集时间顺序归入到一个类目内，再将同一受访人所形成的所有口述档案统一放在一个以受访人名字命名的案卷卷宗内。

（2）根据受访人所属的民族分为阿昌族、布朗族等25类，将同一民族而不同受访人的口述档案归集在一起，同时要确保同一受访人的所有口述档案集中在一个案卷卷宗内。[①]

（3）根据非遗类型分为民间文学、表演艺术、手工技艺等，针对同一非物质文化遗产项目，将技艺传承人及其家人、徒弟、观众等不同受访人的录音、录像、照片、文字等建立非遗项目口述档案。

3. 按序排列

在同一类别中，应根据访谈流程的先后顺序排列档案文件，且对每一份档案文件按其排列次序用阿拉伯数字进行流水编号，要求同一位受访人所形成的所有口述档案材料应集中在一起作为一个保管单元。

4. 编制档案号

档案号是档案实体管理编号的总称。少数民族口述档案的档号一般包括全宗号、类别号、件号，其格式为：全宗号—类别号—件号。例如，档案号为：K002—BL·岩勐·2011—0001，表示：布朗族的岩勐在2011年被采集的排序为1号的个人口述档案。

5. 文件编目

对归档文件依分类方案和排列顺序逐件编号，在文件首页上端的空白位置加盖归档章并填写相关内容。归档章设置全宗号、年度、保管期限、件号等必备项。[②]

6. 填写归档文件目录

将已编目好的口述档案，按顺序填写归档文件目录，一式两份，其中，一份放在口述档案盒内，一份单独留存。[③]

7. 装盒

将编目后和排好顺序的整套口述档案放入档案盒中，按要求填写档案

---

① 陈子丹：《云南少数民族口述历史档案研究》，第116页。

② 《国家档案管理标准汇编》，2019-12-25，http://www.docin.com/p-68631338.html。

③ 陈祖芬：《妈祖信俗口述访谈记录的转录与档案整理》，《档案学通讯》2013年第1期。

盒封面与盒脊，标明类目名称、受访人名称、全宗号、建档年度、保管期限等。[①]

八 音像资料整理

1. 少数民族口述音像资料的质量要求

（1）归档的音像资料必须在相应设备上演示或检测，确保运转正常，无病毒、无污渍、无划伤，文件完整，内容准确。[②]

（2）归档使用的录音带、录像带、光盘的性能质量应符合有关规定，并达到归档要求。

（3）归档的音像资料由文件形成部门标注说明，说明的项目包括内容、语别、节目时长、讲述者（受访人）的姓名和身份、录制（拍摄）的时间和地点、制式、密级等。

（4）音频、视频的格式和分辨率应符合云南省档案局的相关要求。

2. 口述音频、视频剪辑等技术调整

（1）前处理。采用大洋 D3-Edit 编辑合成软件对采集到的口述档案进行录音音量调节、去噪、录像剪辑等技术调整。

（2）将前处理后的录音录像成果导入媒体管理数据库。

（3）重要访谈者录音录像，还应进一步细化整理，设置音视频类、片段子类、场景子类、镜头子类等类目，并著录有关信息，以方便查询和利用。

3. 少数民族口述音像资料档案的整理要求

（1）音像档案的编号。以音像档案实体一盘（盒）为一个编号单位，记为一件。档号格式为：全宗号—音像—件号。

（2）音像档案的排列。保持访谈内容的完整性，不同内容按照时间先后顺序排列。同一内容的音像资料应集中保管，并按照时间先后顺序排列。

（3）音像档案的标识。在录音、录像带上贴上档号标签；光盘上用专用笔标注档号。在音像资料外包装盒上标注、粘贴对应档号标识。

（4）音像档案的著录。音像档案的著录项包括：全宗号、类别、件号、

---

① 陈祖芬：《妈祖信俗口述访谈记录的转录与档案整理》，《档案学通讯》2013 年第 1 期。
② 《国家档案管理标准汇编》，2019-12-25，http://www.docin.com/p-68631338.html。

保管期限、责任者、题名、数量单位、日期语别、节目时长、制式、密级等。

（5）打印"少数民族口述档案目录"。

九　专题数据库建设

云存储、5G 技术的迅猛发展，使少数民族口述档案有了更多保存和利用的方式。一方面，各级档案机构应根据载体类型（硬盘、光盘），对口述电子档案进行科学规范的脱机管理；另一方面，应按《电子文件归档与电子档案管理规范》（GB/T 18894—2016）要求建立口述档案专题数据库，最大化实现口述档案的数字存储、数字处理、数字展示、数字传播。

（1）制定口述档案机读目录数据库结构和字段格式，编制《口述档案机读数据库字段一览表》，口述档案机读目录数据库格式应采用通用的数据格式，所选定的数据格式应能直接或间接与 DBF 文件或通过 XML 文档进行数据交换。[①]

（2）依托数字管理系统对采集到的录音、录像等音视频文件及依其转录的电子文稿、数码照片等所有口述档案电子文件及相关元数据，进行编目、著录、挂接、保存、检索，实现口述档案资源的共建共享。

（3）对数据库实行多套制和异质异地备份，防止因计算机硬件设备故障、人为操作失误、病毒侵入、黑客攻击及自然灾害等因素造成数据丢失和破坏。

（4）科学规划、持续推进云南少数民族口述档案采集工作，对数据库不断进行更新和维护。

---

① 丁钰镔：《〈口述史料采集与管理规范〉解读》，《中国档案》2018 年第 10 期。

第四章　云南少数民族口述
档案的采集保障

基于云南少数民族口述档案采集的重要意义，档案部门必须直面困难和问题，迎接挑战，统筹规划，确定清晰明确的目标，制定切实可行的措施，促进云南档案事业发展，服务云南经济社会文化发展。

第一节　云南少数民族口述档案采集目标

一　建立良好的口述档案采集机制

尽管云南省口述档案采集实践取得了一定的成绩，但由于采集制度、采集规范、采集目标等方面存在的不足，导致大量珍贵的潜在口述档案资源未被采集，或采集到的口述档案主题不突出、内容不系统、整理不到位。加之历史事件的亲历者、亲见者，传统文化遗产的传承人等因年龄大、去世等因素，导致大量潜在口述者失去采集能力，因此亟须建立良好的口述档案采集机制。口述档案采集机制包括两个方面，一是档案部门"愿意采"，即在制度、机制、规范、经费、设备、人力、平台等方面的保障和支持，让档案部门无后顾之忧，全身心投入采集实践中，且持续推进；二是受访人"愿意说"，即让受访人了解口述档案的意义，同时尊重受访人的隐私权，让其了解口述档案的使用和传播情况，让口述者无后顾之忧，主动、真实地讲述自己的所历、所想、所知。

二　构建有特色的口述档案资源体系

借助云南边疆民族区域优势，深入挖掘云南口述档案资源元素，构建全面、系统、具有边疆民族特色的口述档案资源体系。第一，在采集内容上，除该民族第一位处级干部、第一位厅级干部、第一位大学生的成长经历和非遗传承项目等主题外，重新规划采集主题和采集内容，将主题内容深化和拓展到经济、社会、文化、生态文明等各个方面，且与时代和社会发展相结合；第二，在采集对象上，由对官员、专家、学者等专业人士扩展到参与和见证社会活动的普通大众；第三，在采集民族上，由目前已完成的云南 15 个特有民族扩展到云南世居的 25 个民族。

第二节　云南少数民族口述档案采集对策

针对云南少数民族口述档案采集中遇到的困难和存在的问题，需要国家和地方共同努力解决，从不同层次制定切实可行的采集对策，确保云南少数民族口述档案采集能够顺利开展，有序推进。

一　提高思想认识，厘清概念界定

国家档案局和地方档案局（馆）应加强对口述档案采集工作的重视，一是国家层面应对"口述档案"这一概念进行界定，统一概念使用，避免出现"口述档案""口述历史档案""口述史料"等概念混合使用的现象，以免给研究者和读者造成困惑，同时联合国内涉及"口述+"概念使用的部门、专家学者，对历史学领域的"口述历史"，文学领域的"回忆录"，新闻学领域的"口述访谈"等进行辨识和区分，避免多种提法互有差别而又交叉重复、研究主体多元化。二是各级档案主管部门应充分认识口述档案在社会主义新时代的重要意义，将口述档案建设内容明确写入工作规划中，以促进口述档案健康可持续发展。

二　明确牵头单位，构建协同机制

1. 联席会议制度

在国家层面建议成立由国家档案局牵头、国家相关部门参与的联席会议制度，在云南省成立由云南省档案局牵头，省内相关部门参与的联席会议制度。为何选择各级档案局牵头，作为口述档案的直接推动者，原因有以下几点。

（1）从法律层面，《中华人民共和国档案法》规定，国家档案行政管理部门主管全国档案事业，对全国的档案事业实行统筹规划，组织协调，统一制度，监督和指导。由此可见国家各级档案行政管理部门在《档案法》赋予的权利和义务上理应承担口述档案的整体规划和组织协调工作。

（2）从采集到的文献来看，无论是文化行政管理部门和非物质文化遗产保护机构开展的国家级非物质文化遗产代表性传承人抢救性记录工程，还是有关部门制作的口述纪录片，抑或是高等教育机构及科研院所开展的口述实践课程和研究课题等，其所形成的录音、录像、照片和其他相关材料，均是一种有待认知和研究的新型档案。

（3）从采集的目的来看，尽管各部门采集目的各不相同，有的是为了丰富档案馆的馆藏，有的是为了做电视、广播、网络节目，有的是为了科研或课程，有的为个人的专业研究，但其最终目的均应是建立人类记忆库，也就是作为档案收藏，供现在与未来的人查阅、学习和研究使用。

（4）保存管理的专业性来看，档案馆具有专业的保存条件和管理人员，对档案进行必要的编目、创建有效的索引，方便研究人员和读者利用。

2. 云南省联席会议单位成员及分工

（1）联席会议的成员单位包括：云南省档案局、云南省文化和旅游厅、云南省民族学会、云南省民族宗教事务委员会、云南省社会科学院、云南大学、云南广播电视台等。

（2）横向部门职责分工。一是云南省档案局作为牵头单位，联合成员单位的专家、学者对省内口述档案资源进行统筹规划、制定工作方针、合作开展口述档案采集实施工作，定期召开联席会议组织讨论职责分工、采集计划和实施进展，对成员单位提供必要的资金保障、人员培训、技术支持。二是云南省非物质文化遗产保护中心作为省文化和旅游厅直属事业单位，其一直致力于非物质文化遗产的调查、评价、鉴定、利用、保护和研究工作，现已按文化部《关于开展国家级非物质文化遗产代表性传承人抢救性记录工作的通知》要求，完成了云南省内部分国家级代表性传承人的抢救性记录，经验丰富，建议云南省非遗口述档案采集项目继续由省非物质文化遗产保护中心组织实施。三是与成员单位联合开展的采集工作包括：与云南省民族学会合作开展各少数民族杰出代表、先进典型人物口述档案采集；与云南省社会科学院历史文献研究所、民族研究所合作开展历史事件口述档案采集，与经济研究所、农村发展研究所合作开展少数民族经济口述档案采集；与云南民族宗教委员会古籍办合作开展口碑古籍收集工作；与少数民族语文指导委员会开展少数民族语言文字口述档案抢救保护；与民族出版社开展民族语言文字书籍的收集工作；与云南大学历史与档案学院、民族学与社会学学院合作开展口述档案采集人才的培养工作；云南广播电视台在口述档案采集录音、录像和后期制作方面的合作。

（3）纵向部门分工。一是省档案局是领导责任单位，发挥领导核心作用，在宏观上研究口述档案采集计划，制定任务分解方案，确定口述档案采集主题，明确采集对象的标准、范围和采集内容，核实拟采集历史事件和人物对象的真实性①，协调并落实经费，按省财政厅规定的口述档案抢救管理办法制定经费分配方案。二是省档案馆是落实省档案局任务分工的主要责任单位，应成立工作领导小组，对采集计划进行统筹安排，根据国家统一的采集工作规范和质量标准，按项目特点抽调人员，组成采集团队开展采集实施，对于委托各参与州、市、县档案局进行的项目实施业务指导、监督检查、评估验收。三是地方各州、市、县档案局（馆）是直接责任单位，严格落实上级部门工作安排，密切配合、合力推进，成立相应的工作小组，明确工作任务和工作重点，切实履行职责，加大工作力度，积极争取地方财政配套资金，积极争取以政府名义发文，确保少数民族口述档案抢救保护工作按时完成；按照工作计划和任务分解方案的实施要求，根据采集主题对本区域内口述对象进行筛选、对重要事件进行搜索，挖掘其他有意义的采集内容及事项；确定口述访谈任务、制定访谈计划或方案、拟写访谈提纲；安排采集工作人员、购买必要的设备、做好充分的人力和技术准备；实施个人访谈，做好文字记录、拍摄、录音、录像等；对于采集到的少数民族口述档案进行初步编辑整理。② 由此形成全省纵向部门、横向交叉部门的良好互动与合作，实现各部门共知、共建、共享的灵活有效的运行机制。

三　制定政策法规，形成工作规范

1. 出台相关法律文件

（1）关于口述档案法律法规。由于我国口述档案采集工作起步较晚，

---

① 雷鲁嘉：《我国少数民族口述档案的采集及其保障研究》，南京大学硕士学位论文，2018。
② 雷鲁嘉：《我国少数民族口述档案的采集及保障研究》，南京大学硕士学位论文，2018。

目前还没有出台专门针对口述档案的法律法规。《中华人民共和国档案法》作为口述档案相关法律法规的上位法，对档案概念进行了定义，对档案机构及其职责、档案管理、利用与公布、法律责任等进行了规定，口述档案法律法规的制定必须以此为根本依据，内容应包括口述档案的定义、口述档案采集的目的与意义、采集内容与范围、采集主体与职责、口述档案的管理、口述档案开放与利用、口述档案监督检查、口述档案信息化建设、法律责任等方面。

（2）口述档案采集的相关法律协议。如《口述档案采集、收藏与使用协议》，对口述档案采集工作甲乙双方的权利与义务，口述档案的公开、传播、利用、编研等的权利和义务，口述档案所有权归属等方面所达成的协议；《口述档案著作权授权协议》，以授权人为采访、摄影对象的口述档案或表演作品享有著作权，并保证该作品合法且不侵犯他人权利，就该作品在世界范围内无限期地向被授权人进行授权的内容；《口述档案采集伦理声明》，规定被采集对象所陈述内容真实客观，避免涉及第三方隐私、可能损害第三方利益与情感等方面内容；《口述档案隐私权》，以保护被采集对象享有隐私权，对其不愿公开或一定时期内不予公开的内容进行隐私保护。

2. 完善相关工作规范

（1）关于口述档案采集与整理的工作规范和行业标准。口述档案不同于一般档案材料，在采集上，程序多、人力物力财力投入大、工作内容复杂；在整理上，载体形式多样、归档范围广、转录核实工作量大，如果没有统一的工作规范和工作标准，会给采集人员带来困难，而且盲目、不合规范的采集，还会造成人财物的浪费，不利于促进口述档案资源的共建共享。因此，需要广大口述档案采集单位和个人归纳总结口述档案采集管理的实践经验，并加以理论支撑，经过广泛征求意见、论证、修改后，最终形成具有普遍性和指导性的口述档案工作规范，由国家档案局审定和发布为行业标准，作为口述档案采集团队所遵循的准则。

（2）关于口述档案协同采集工作机制的规章制度。由国家档案局牵头、国家相关部门参与的联席会议制度，以及各参与单位的职责分工，应形成相应的制度规范，便于各部门通力合作，各负其责、各尽其能，确保各个领域口述档案采集工作能够顺利推进和持续发展。

四　积极争取资金，细化经费使用

1. 多渠道筹集资金

口述档案采集工作由于需要投入大量的人力、物力，设备成本和时间成本较高，从国内外口述档案采集机构或组织的成功经验来看，强有力的资金支持是采集工作顺利开展的有力保障。目前口述档案采集资金主要有以下几个来源。

（1）专项财政支出。以各级档案局为主的口述档案采集单位，应积极申请专项财政支出用于口述档案采集工作，例如，云南省档案局每年向省财政厅争取200万~300万元的民族口述遗产抢救保护专项经费，用于开展本省特有少数民族的口述档案采集工作。国家文化与旅游部为抢救和保护非物质文化遗产，在2015年起，对每项国家级非物质文化遗产代表性传承人抢救记录工程投入40万元，用于拍摄传承人口述片、项目实践片、传承教学片、综述片及文献收集，目前已开展1114位传承人的抢救工作，国家总投资达4.5亿多元。

（2）科研项目基金。由于哲学社会科学在认知世界和改造世界中发挥着重大作用，促进着人类社会的改革和发展，目前国家和地方相关行政部门投入大量资金，鼓励开展哲学社会科学研究，如全国哲学社会科学办公室的国家社科基金项目、教育部的人文社会科学研究项目、国家民委的民族研究项目等。通过申请各类科研项目基金，进行少数民族口述档案采集实践活动。

（3）社会资助。当前社会组织、企业和个人的资助，成为开展口述档案采集的一种重要资金来源。除了寻求整个项目的资金资助外，还可以将整个项目划分为不同小项目或项目阶段，分别寻求资金支持，比如在项目采集阶段上可以分为前期论证、口述访谈、文献收集、后期整理、转录加工等。如果无法取得直接的资金支持，也可以寻求"实物"或"实务"的资助，如捐赠或借用录音、录像器材设备，提供转录、印刷、装订等服务。

2. 细化经费使用

资金预算既要避免"狮子大开口""多多益善"，也要避免申请金额低于实际工作所需，而影响实际采集任务，资金申请额度及预算方案要合理且有说服力。一般口述档案采集项目的预算包括以下几个方面：一是器材、设备及相关材料经费；二是人员劳务经费，包括外聘专家、顾问、采访人、摄影师等工作人员的劳务经费，以及其他相关经费；三是受访人报酬，以采访费形式支付，或以版权授予报酬形式支付；四是行政管理及业务开支经费；五是差旅经费；六是整理经费，如转录稿制作与编辑、档案校对与审核、档案整理加工等；七是其他费用。

五　组建专业团队，培养专业人才

1. 完善团队人员构成

口述档案采集团队人员一般包括：项目负责人、采访人、录音录像师、后期整理制作人员等。项目负责人与采访人大多情况下由同一人担任。采访人是团队的核心，应具有较强的知识素养和执行能力。

（1）知识素养。一是档案学知识。口述档案采集的最终目的就是"留住老去的年华，抓住盛开的芳华"，采访人口述档案访谈全过程均要牢固树立"存史"的意识，在访谈前需要按照档案的前端控制思想进行采集准备工作，访谈过程中要保证口述档案的"真实"属性，访谈结束要对其进行整理加工。二是历史和历史学知识。历史知识是指关于一系列人类活动事件所记载的知识，而历史学知识是指对历史存在的认识和思考。由于口述档案采集是一个采撷历史记忆、收集历史资料、辨别史料价值、构建历史陈述的过程，只有掌握相应的历史和历史学知识才能在口述档案采集过程中抓住重点、辨别真伪、追根究底。三是人文社会科学知识。口述档案采集是一种对社会存在及其变化和发展过程的记录，掌握关于社会的基本结构、功能以及运行方式等知识，诸如哲学、政治、法律等知识，能在口述访谈中对受访人所陈述的社会历史内容进行准确的理解和判断，确保访谈对话的顺利进行。四是心理学知识。口述档案采集是面对面与人打交道，采访人必须具有一定的心理学知识，洞察受访人的心理状态和变化，对访谈过程和内容进行掌控。五是语言学知识。口述档案访谈是语言对话，需要采访人具有一定的语言学知识，如地域方言，语音、语调、语词、语法及修辞的一般规则。六是其他知识，如法律知识、民族知识、道德修养知识等。

（2）采集人的执行能力。一是学习能力，这是最基础也是最重要、最关键的能力，采集人在发现自己某方面能力不足时，能有较强的学习意识、较好的学习方法和学习习惯；二是社交能力，采访人具有一定的社交能力才能联络并说服受访人愿意接受采访，进而在采访中获得相互信任、相互理解和相互沟通；三是对话能力，这不是简单的提问或回答，而是要对采访对话的主题、形式和方向有一定的掌控能力，要做到会倾听、善倾听、会提问、善提问；四是自我控制能力，口述档案采访是一项需要耐心的工作，有时候，受访人由于身体、心理等方面的原因，使得正在进行中的采访中断甚至停滞，这时候要保持耐心，此外访谈人由于长时间的倾听也会出现走神、注意力不集中的现象，需要进行自我控制，将注意力集中到访谈现场及其具体的话题上来。

2. 口述档案采集人才培养

人才是引领发展的第一资源，工程浩大又充满挑战的云南少数民族口述档案采集整理工作，需要大量热爱口述档案、了解口述档案且善于学习和思考的专业人才。云南省档案局在人才培养和储备方面做了大量实际工作，多次组织骨干人员学习、培训，但是人员数量仍远远不够。我国口述档案采集实践工作起步较晚，从国家到地方开展的口述档案采集培训较少。针对口述档案采集人才匮乏的现状，我们应该建立长效性的培训机制，既有短期培训，又有长期培训，既有引进来的培训，又走出去的培训。

六　明确采集原则，分类组织实施

1. 明确采集原则

（1）抢救保护先行原则。一是抢救保护云南濒危语言文字。民族语言文字是民族文化的载体，是一个民族的灵魂，她蕴藏着民族历史，凝聚着民族智慧，承载着民族文化，维系着民族情感，具有极高的历史价值和文学艺术价值，然而，伴随着族群分化、民族融合、社会转型以及经济全球化和现代化的进程，云南少数民族语言文化生态正发生巨大变化，民族母语的使用逐渐减少。譬如云南的仙岛语、独龙语、柔若语、傣绷文、东巴文已相继被列为濒危语言文字，抢救保护这些濒危语言文字刻不容缓。二是抢救保护云南人口较少民族文化经典。云南有景颇族、布朗族、普米族、阿昌族、怒族、基诺族、德昂族、独龙族等8个世居人口较少民族。这些民族数量少；居住偏远，主要居住在边境地区且均为跨境民族；生产生活条件较差，群众困难多、困难群众多。现今，随着现代化进程的加快，特别是生活环境和条件的变迁，对这些人口较少民族文化的有形载体和无形载体冲击就更加明显，一些优秀传统文化难以延续，少数民族优秀传统文化保护传承面临不少困难，亟须对其进行口述档案采集建档。

（2）突出重点原则。云南少数民族口述档案采集以记录发生在这块高原热土上的重大改革印记和发展足迹为重点，突出反映边疆各族人民在中国共产党的带领下共同团结奋斗、共同繁荣发展、全面脱贫攻坚，经济、社会、文化等各个领域、各个方面发生翻天覆地变化，以及各民族人民对此的所见、所想、所感。由此构建一套既记录少数民族传统文化，又反映新时代具有边疆民族特色的口述档案体系，彰显社会主义制度的优越性和社会主义道路的正确性。

（3）稳步推进原则。云南少数民族口述档案采集工作不是一蹴而就、一朝一夕就能完成的。由于采集工作起步较晚，很多具有急迫性和现实意义的主题还没有完成采集任务；即使某些主题已采集结束，但后续还需要进一步完善和补录；随着经济社会的发展，新主题不断涌现，由此应将口述档案采集继续列入制定的"云南省档案事业发展'十四五'规划"中，进行科学规划、稳步推进、有序实施，避免失误、浪费和低水平重复建设。

2. 分类组织实施

（1）针对云南濒危语言文字抢救保护的口述档案采集。一是采集熟悉相应濒危语言文字的专家的口述档案，记录其对相应濒危语言的声母、韵母、单元音、声调、发音特点、词汇、短句、词法、语法、句法，或濒危文字的发音、字形或符号、字义等基本知识的讲解。二是采集活态有声语料，对于此项采集工作可以尝试多种方式。三是请被采集对象对原始语料进行标注和描写。

（2）针对云南经济社会文化发展变迁历史的口述档案采集。一是针对特定采集主题，应突出抓好代表性人物、著名人物的口述采集。二是对于具有重要意义的活动、事件，要采取同步介入、现场拍摄等方式，将传统档案工作的关口前移，从坐等上门、被动接受转变为主动出击、主动记录，从"要我建档"转变为"我要建档"，积极参与边疆民族地区重点工作、重大活动、重要事件、重要人物的记录和拍摄，对反映民族历史文化和精神风貌、具有保存价值的无形口述资源进行深度采集。三是鼓励和倡导少数民族个人、家庭和集体，对反映民族团结、社会进步、经济发展、生活富裕、乡风文明、生态改善的口述记忆主动建档。

（3）针对非遗项目传承人、民族传统文化代表人及研究者等人物的口述档案采集，应按照《国家级非物质文化遗产代表性传承人抢救性记录工程操作指南》（试行本）的相关要求，结合被采访人具体身份进行口述档案采集。

七　加强数据库建设，实现共建共享

1. 建立云南少数民族口述档案专题数据库

所谓口述档案数据库是指按照口述档案数据结构要求进行数据组织、存储和管理。第一，关于建设的必要性。一是利于口述档案资料的集中统一保存。目前口述档案采集到的录音、录像、照片、转录稿文本等基本上都是以数字化形式存在，在实体化存储模式下，需要将数字化档案打印出纸质稿或拷贝在光盘、U盘等多种载体介质上，再根据保管要求存放在不同库房中，这样就导致数据处于分散状态，不便于统一管理，而利用数据库可对数据进行集中控制和管理。二是利于口述档案数据安全性。数据库可以实现多种备份，防止数据损坏和丢失；在同一时间内，不同用户可以同时使用数据，实现数据多路径存取，又能防止不同用户之间的非正常交互风险，确保口述档案的安全、可靠。三是利于口述档案的检索利用，通过数据库可以实现多种高级检索，提高查全率和查准率，提升检索的便捷性；用户可以通过多种接口方式使用数据，实现数据共享。第二，关于建设的步骤。一是出台口述档案数据库国家标准。国家档案局应组织专家统一制定口述档案数据库建设标准，包括数据结构规范、元数据规范、数据库安全规范等，及时开展标准规范的宣传和培训工作。二是开发口述档案数据库软件。建议由国家档案局统一开发数据库软件，经过反复测试后，配发到各级档案馆安装使用。三是口述档案数据导入。将前期采集到的口述档案进行分类汇总，按照数据库的标准规范导入到数据中，并同步进行数据校验工作。四是口述档案的维护和更新，坚持自动备份和定期手动备份，以及脱机备份和异地备份，确保数据安全；持续开展口述档案采集工作，确保数据持续更新。

2. 建立云南少数民族口述档案数字档案馆

口述档案数字档案馆是指各级档案馆为了适应新时代广大群众对口述

档案信息资源的利用需求，以口述档案数据库为基础，通过各种网络平台提供口述档案利用和服务的集成管理系统。通过数字档案馆，不断加强对云南口述档案的开发和编研，按照不同主题、不同民族、不同地域等打造多样化的口述档案编研产品，为用户提供翔实、丰富的少数民族口述档案资源；利用语义网技术挖掘口述档案的知识内涵，形成知识图谱，为用户提供立体化、多样化的知识体系，促进云南少数民族口述档案的价值实现。当然，并不是所有的口述档案都可以开放利用，开发和开放前应进行严格地划分和管理，确保涉及口述者保密性、隐私性、敏感性的内容不被开发和开放。

第五章　结论与展望

一　主要研究结论

本书立足于云南少数民族，对如何采集云南少数民族口述档案进行系统梳理和分析，初步形成如下研究结论。

1. 界定相关概念

目前"口述档案"概念尚未规范统一，屡遭滥用和误用，常与口述史料、口述历史等混为一谈，严重影响着口述档案理论和实践的良性发展，国家档案主管部门应尽快给出标准和权威的解释。笔者在前人已有的基础上，根据自己的认知水平，进行了如下几个方面的论述。第一，对"口述史料""口述历史""口述档案"三个概念从内涵和外延进行了对比分析，讨论三者之间的联系和区别，力求在学术研究中防止概念混淆的现象。第二，从少数民族文字书写符号、民族地域范围、民族问题、民族的机构和个人等四个方面分析现有"少数民族档案"定义的优缺点，明确少数民族档案定义至少应包含原始记录性和少数民族性两要素，并给出了笔者对"少数民族档案"的定义。第三，在参照以往学者观点的基础上，综合口述档案和少数民族档案两个概念，结合云南省少数民族实际，对"云南少数民族口述档案"进行定义，明确了本书在该定义的内涵和外延范围内开展云南少数民族口述档案采集方法研究，从地域和民族、采集内容、采集对象、采集目的、采集流程、采集标准等六个方面进行了说明。

2. 阐释云南少数民族口述档案采集的意义

口述档案在社会、历史、文化、教育、审美、经济等方面具有的重要价值，开展云南少数民族口述档案采集工作不仅能丰富云南各级档案馆藏资源、改善馆藏结构、挽救民族文化遗产，更能有效弥补民族历史文献记录的不足，为民族地区政治、经济、社会政策的制定提供参考借鉴作用。

而口述档案采集更为深刻的优势在于普通人参与历史的话语构建，正如保尔·汤普生所说"通过人民的声音，把人民的历史交还给人民"。旧中国的档案以记录统治阶级上层人物的社会活动为主，而反映人民群众创造历史的社会事件、群体活动被排斥在档案之外，即使流传下来也是以野史或民间故事的形式呈现，成为有形无神、有骨无肉的"虚假档案"。新中国的档案虽然已经完全不同于过去，但主要是以党政机关、事业团体的文件和会议材料等档案为主，收集范围较小、内容形式较为单一，大量以人民群众为主体的社会活动无法整齐完整、活灵活现、有声有色的记录在档案中。口述档案除采集伟人、名人、上层人士外，出现了新的趋势，即采集"底层""草根"人士口述档案，让老百姓讲述自己的故事，从而让人民的声音成为时代交响曲的重要组成部分，形成了口述档案访谈对象的开放性与多元化格局，促进了口述档案的迅速发展和成熟。

3. 总结云南少数民族口述档案采集的经验和困境

新中国成立后，随着党和国家对民族民间文学的高度重视，云南省于1958年组织开展了民间文学采风运动，由此拉开了抢救和保护民族民间口头文学的序幕，此后60多年来云南省社科院、民委古籍办等单位和部门一直坚持开展民族民间文学的抢救和收集整理工作。2010年云南省档案（局）馆启动了"抢救保护少数民族口述历史档案"项目，至此才真正形成了具有现代口述档案意义的采集工作，截至目前已完成了15个特有民族的口述档案采集工作。其取得的成功经验包括：科学规划、明确目标、分工负责，即由云南省档案局统筹安排，分别制定了长期、短期、中期目标，各州市档案馆积极参与，通过任务分解、分层落实、统一协调、分工合作，采集工作得以顺利推进。重视资金保证，省档案局除积极争取省财政厅的专项资金支持外，还通过申报国家各类科研项目争取资金；加强人员培训，多次组织采集人员到国内大学和国外档案馆参加专项培训；努力形成合力，积极开展与省非遗中心、省民委、省民族学会等部分开展合作，共同开展口述档案采集保护工作。尽管云南省口述档案采集取得了显著的成绩，但也存在着采集时间紧、采集难度大、整理难度大等困难，出现了概念定位不清、顶层设计不足、总体规划不力、专门人才匮乏、采集数据不全、整理工作不规范等问题。

4. 提出云南少数民族口述档案采集的措施

我们应站在政治的高度，加强云南少数民族口述档案的采集工作，积极发挥口述档案在服务云南地区经济文化建设，服务"三个定位"的战略布局中的重要作用，努力形成档案部门愿意采、受访者愿意说的良好采集氛围，努力构建全面系统的口述档案系统，努力打造口述档案品牌文化。在措施制定上，仅仅依靠云南省档案局的力量是无法达到有效、有力的地步的，其存在的问题和面临的困难仍将无法实现全面解决，最有效的办法应是由国家政府层面指定国家档案局牵头，由上而下组织实施，其中国家层面的任务包括：注重提高全社会对口述档案重要意义的思想认识；构建由国家档案局牵头，相关国家职能部门参与的联席会制度，明确任务分工，形成协同机制；制定口述档案采集工作规范及相关数据库建设标准；统筹专项资金。省级档案部门应组建专业团队，加强专业人才培养；根据民族地域、民族文化特点制定切实可行的采集规划和采集目标，明确采集原则，分类组织实施；做好口述档案的归档保存工作，创建立体化数字口述档案馆，实现资源共建共享。

5. 规范云南少数民族口述档案采集方法

质性访谈法是口述档案采集最基本的方法，少数民族口述档案采集是一项系统性工作，可以分为三个阶段，即采集准备阶段、采集执行阶段、采集结束阶段，为了保证口述档案采集的高效、真实，必须在每个阶段进行必要的控制和管理，因此将过程管理理论应用其中，分别对应为前馈控制、过程控制、反馈控制。其一，口述档案采集前馈控制。凡事预则立不预则废，做好充分的准备工作，是访谈成功的前提，包括：规划采集目标、确定采集主题、查找并筛选线索、调查取证、制定采集方案、组建采集团队。其二，口述档案采集过程控制。访谈过程中受访者可能会有无意的记忆失误，也会存在有意的、无意的谎言，因此要求访谈者能利用各种访谈技巧进行实时控制，对受访者进行话语引领，让受访者讲真话、讲实话、多讲话，包括：访谈流程控制、访谈要求控制、拍摄要求控制、伦理声明控制、访谈方法控制等几个方面。其三，口述档案采集反馈控制。口述档案后反馈阶段包括：签署授权信息、核实采集信息、收集文献、转录、考证核实、文本整理、建库录入等环节，如在转录过程中无法听清口述人的方言，需要我们进一步回访确认，在考证核实过程中发现口述者所述内容与现有文献记录存在矛盾，需要我们继续扩大文献范围，进一步核实；如果在分析过程中发现缺失重要内容或重要人物，这就需要我们寻找新的人物线索，这一些工作进而体现反馈控制理论。

二 研究局限

目前口述档案虽然已成为热门话题，但是关于口述档案采集整理的理论研究不足，实践者多数处于"摸着石头过河"、边干边学的状态中，本人尽管期望能够对云南少数民族口述档案采集整理方法进行全面的梳理和阐述，但限于本人理论水平、实践经验和研究条件，论文仍然存在着诸多不足之处。

1. 研究范围的局限性

口述档案采集整理工作具有共通性，为了便于讨论研究，本书选取云南少数民族作为研究范围，希望能以点带面、从线到面，逐渐形成全国范围内口述档案采集整理的操作指南，但这种对特定民族、特定区域的研究，必然导致了不同区域的特殊问题、特殊情况在本书所讨论的内容中被忽视或不明显，对于口述档案采集整理工作的整体而言，存在不够全面之处。

2. 理论与实践结合不足的局限性

口述档案采集整理是一个兼具理论性和实践性的研究课题，其理论研究涉及档案学、历史学、新闻学、语言学、社会学、民族学、心理学、文献学等多个学科，而当下口述档案采集横跨了政治、经济、社会、文化、生态等领域，受访人涵盖了各行各业。口述档案所取得的实践成果明显大于理论研究成果，存在着实践操作多，理论研究相对滞后，理论和实践相对脱节的现象，而实践操作的人大多不做理论研究，做理论研究的人又往往缺乏实践经验。笔者尽管已跟随口述档案采集团队亲身参与了几个口述档案项目，但在实际采集工作中，一方面对新闻采访的知识和技巧还不能心领神会、运用自如，面对突发情况束手无策、无所适从，另一方面对口述档案采集方法的总结不够，不能较好的运用从实践中来再到实践中去的工作方法。

3. 采集整理协同机制的局限性

口述档案采集整理工作也是一个极具现实性的话题，特别是在协同机制的构建方面，目前形成了以地方、国家档案馆和非物质文化遗产保护机构为核心的两大主体，同时还存在广播电视电视台、图书馆、博物馆、学术机构、文化/旅游企业以及其他社会组织和个人广泛参与的多元主体，尽管各部门采集内容的侧重点略有不同，但采集模式和方法相通，云南省档案部门也曾与部分其他单位达成过口头协议，表示同意共建共享口述档案资源，但实际工作中仍然各自为战、成果独享，甚至还出现过相互掣肘的现象，严重影响着云南口述档案资源建设，造成人力、物力、财力的极大浪费。本书只是在理论上对协同机制构建进行了分析和探讨，而实现真正实施还任重道远。

4. 对新技术掌握不足的局限性

随着人工智能技术、大数据技术、区块链技术的迅猛发展，必将为口述档案的采集整理工作带来技术支撑，是口述档案采集整理工作的必由之路，受限于笔者对新技术掌握不足，本书只是在口述档案专题数据库建设中简单涉及上述新技术，而对于这些新技术在口述档案采集整理工作中可以运用到哪些方面、如何运用、呈现的新特点等技术性问题并未深入探讨。

三　研究展望

下一步，笔者将继续投入到云南少数民族口述档案采集整理的实践中，总结经验，对现有理论研究成果进行延伸、扩展、细化，研究的内容包括以下几点。

第一，关于口述档案采集协同机制构建研究。对具有类似口述档案采集需求的各类组织和单位进行整合，形成多部门协同合作的口述档案采集联盟，研究口述档案采集联盟的组织构架、协同方式、协同内容，制定共同遵守的协同制度、采集规范和数据库建设标准。

第二，关于口述档案个人建档问题的研究。随着大量视频自媒体平台的出现，为口述档案的个人建档提供了一个新思路，通过架构口述档案个人建档 APP 平台，鼓励和倡导少数民族个人、家庭和集体，对反映民族团结、社会进步、经济发展、生活富裕、乡风文明、生态改善的口述记忆主动建档。

第三，关于口述档案网络化编研产品。按照不同主题、不同民族、不同地域等打造多样化的口述档案编研产品，并通过网络进行宣传和推荐；利用语义网技术挖掘口述档案的知识内涵，形成知识图谱，为用户提供立体化、多样化的知识产品，促进云南少数民族口述档案的价值实现。

第四，关于区块链技术在口述档案中的应用研究。区块链技术迅速发展，为云计算、大数据、移动互联网等新一代信息技术的发展带来了新的机遇，因其具有去中心、分中心及信息共享、共识、共担的组织结构特征，为目前口述档案采集以被动采集为主，用户参与度不足，采集流程复杂等困境带来了技术支撑。

参考文献

一 图书

［1］埃文·赛德曼：《质性研究中的访谈：教育与社会科学研究指南》，周海涛译，重庆大学出版社，2009。

［2］白庚胜：《文化遗产保护诠说》，宁夏人民出版社，2010。

［3］陈墨：《口述历史门径实务手册》，人民出版社，2013。

［4］陈墨：《口述历史杂谈》，海豚出版社，2014。

［5］陈墨：《口述史学研究：多学科视角》，人民出版社，2015。

［6］陈子丹：《民族档案学专题研究》，云南大学出版社，2013。

［7］陈子丹：《云南少数民族口述历史档案研究》，云南大学出版社，2015。

［8］定宜庄、汪润：《口述史读本》，北京大学出版社，2011。

［9］冯惠玲、张辑哲：《档案学概论》（第二版），中国人民大学出版社，2006。

［10］冯骥才：《乡土精神》，作家出版社，2010。

［11］赫伯特·J. 鲁宾、艾琳·S. 鲁宾：《质性访谈方法：聆听与提问的艺术》，卢晖临等译，重庆大学出版社，2010。

［12］华林：《档案管理学新论》，中国社会科学出版社，2010。

［13］黄泽：《非物质文化遗产视野下的民俗艺术与宗教艺术》，海南出版社，2008。

［14］肯·梅茨勒：《创造性的访谈》，李丽颖译，中国人民大学出版社，2010。

［15］凯瑟琳·卡斯尔：《研究访谈》，武敏译，上海人民出版社，2017。

［16］李向平、魏扬波：《口述史研究方法》，上海人民出版社，2010。

[17] 鲁春晓：《新形势下中国非物质文化遗产保护与传承关键性问题研究》，中国社会科学出版社，2017。

[18] 林卉、康学萍：《口述历史在中国》第二辑，广西师范大学出版社，2018。

[19] 林卉、刘英力：《口述历史在中国》第一辑，广西师范大学出版社，2016。

[20] 刘正宏：《非物质文化遗产数字化应用与教育化传承研究》，中国轻工业出版社，2018。

[21] 牟延林等：《非物质文化遗产概论》，北京师范大学出版社，2010。

[22] 普丽春：《少数民族非物质文化遗产教育传承研究——以云南省为例》，民族出版社，2010。

[23] 宋俊华、王开桃：《非物质文化遗产保护研究》，中山大学出版社，2013。

[24] 〔美〕唐纳德·里奇：《大家来做口述历史：实务指南》（第2版），王芝芝等译，当代中国出版社，2006。

[25] 〔美〕唐纳德·里奇：《牛津口述史手册》，宋平明等译，人民出版社，2016。

[26] 〔美〕唐纳德·里奇：《大家来做口述历史》（第三版），邱霞译，当代中国出版社，2019。

[27] 王军：《口述历史研究》，广西师范大学出版社，2019。

[28] 王文章：《非物质文化遗产保护研究》，文化艺术出版社，2009。

[28] 王文章：《非物质文化遗产概论》（修订版），教育科学出版社，2013。

[29] 王亚南、刘荣：《云南文化发展蓝皮书》（2015—2016），云南大学出版社，2016。

[30] 苑利、顾军：《非物质文化遗产学》，高等教育出版社，2009。

[31] 杨祥银：《与历史对话：口述史学的理论与实践》，中国社会科学院，2004。

[32] 杨祥银：《美国现代口述史学研究》，中国社会科学出版社，2016。

[33] 周耀林、戴旸、程齐凯：《非物质文化遗产档案管理理论与实践》，武汉大学出版社，2013。

［34］ 郑文：《档案管理学原理》，云南科技出版社，1999。

二 期刊论文

［1］ 白玉爽、于佩兰：《建立民间文化传承人档案传承祖国文化遗产》，《中国档案》2005 年第 11 期。

［2］ 陈建东：《云南省被国家档案局确定为抢救保护少数民族口述历史档案试点地区》，《兰台世界》2010 年第 7 期。

［3］ 陈子丹、周知勇：《少数民族口述档案浅论》，《云南档案》2004 年第 2 期。

［4］ 陈子丹：《民族档案学形成与发展刍议》，《档案学研究》2007 年第 4 期。

［5］ 陈子丹、魏容：《民族档案学的建构与展望》，《兰台世界》2009 年第 6 期。

［6］ 陈子丹：《口述档案及其相关概念辨析》，《云南档案》2012 年第 7 期。

［7］ 陈子丹：《云南少数民族口述历史档案抢救保护研究》，《兰台世界》2012 年第 32 期。

［8］ 陈祖芬：《妈祖信俗口述访谈记录的转录与档案整理》，《档案学通讯》2013 年第 1 期。

［9］ 陈雅旋：《口述历史档案采集与管理建议研究论述》，《中国民族博览》2017 年第 4 期。

［10］ 陈永斌：《口述历史档案访谈准备路径与程式研究》，《档案与建设》2017 年第 3 期。

［11］ 丁钰镔：《〈口述史料采集与管理规范〉解读》，《中国档案》2018 年第 10 期。

［12］ 杜靖：《历史人类学视野中的档案与文本》，《青海民族研究》2010 年第 1 期。

［13］ 杜青：《抢救保护云南少数民族口述历史档案培训班在昆举办》，《云南档案》2010 年第 8 期。

［14］ 杜青：《中新联合举办少数民族口述历史档案培训班》，《兰台世界》2010 年第 15 期。

[15] 丁子涵：《历史真相：档案学文本化趋向》，《档案学通讯》2015年第3期。

[16] 范金霞：《非物质文化遗产中的口述档案保护与图书馆》，《图书馆学刊》2008年第5期。

[17] 何欢欢：《略论口述档案及口述档案工作的开展》，《浙江档案》2006年第7期。

[18] 虎娇玫等：《论民间散存少数民族口述档案征集的真实性问题》，《云南档案》2012年第12期。

[19] 华林：《少数民族历史档案研究述评》，《档案学通讯》2003年第5期。

[20] 华林等：《少数民族口述历史档案研究》，《楚雄师范学院学报》2015年第4期。

[21] 黄存勋、张瑞菊：《少数民族口述历史档案有序化建设的宏观探索》，《贵州民族研究》2015年第11期。

[22] 黄明嫚：《中共党史口述档案资料收集整理与开发利用研究——以白色起义为例》，《兰台世界》2019年第1期。

[23] 黄琴、华林、侯明昌：《论亟待保护抢救的云南民间少数民族口述历史档案》，《档案学通讯》2009年第1期。

[24] 黄芮雯：《基于文献计量分析的我国口述档案研究发展概略：1997-2016》，《云南档案》2018年第7期。

[25] 黄项飞：《口述档案：一个亟待拓展的领域》，《档案与建设》1997年第8期。

[26] 黄项飞：《口述档案：构筑民族的立体记忆》，《山西档案》2004年第5期。

[27] 洪佳惠：《口述历史档案发生差异的知识考古方法考察》，《档案与建设》2016年第5期。

[28] 洪佳惠：《档案真实的价值论特征研究——兼论口述历史档案的真实性问题》，《档案学通讯》2018年第2期。

[29] 蒋萍萍：《口述档案采集工作的探索实践》，《文化创新与比较研究》2018年第32期。

[30] 蒋淑琼：《建立少数民族民间文化口述档案必要性的思考》，《科

技创新与生产力》2015年第6期。

[31]李南星：《谈口述档案与抢救"活档案"》，《档案学通讯》1998年第1期。

[32]李秋丽：《高校口述历史档案资源建设与策略研究》，《中国档案》2018年第7期。

[33]李涛：《论口述档案的搜集》，《档案学研究》2008年第5期。

[34]卢钰：《口述历史档案内容真实性分析》，《档案与建设》2016年第11期。

[35]吕豪杰、王英玮：《口述档案收集抢救规范化流程研究》，《档案学研究》2015年第4期。

[36]吕鸿：《非物质文化遗产保护视野中的口述档案》，《甘肃社会科学》2008年第3期。

[37]刘维荣：《口述历史档案管理在欧美》，《浙江档案》2003年第9期。

[38]刘耿生：《试论回忆录和口述档案》，《档案学研究》2001年第2期。

[39]刘旭光、薛鹤婵：《试论口述档案的价值》，《档案学通讯》2007年第4期。

[40]林凯歌：《基于口述历史档案的发展与意义分析》，《中国多媒体与网络教学学报》（上旬刊）2018年第10期。

[41]梁雪花等：《省档案局完成基诺族口述历史采集工作》，《云南档案》2012年第10期。

[42]梁雪花：《少数民族口述历史档案采集方法研究》，《档案学通讯》2012年第11期。

[43]梁雪花、熊爱桃：《档案征集工作要以坚持政治方向为首要任务》，《云南档案》2016年第12期。

[44]梁雪花、熊爱桃：《云南少数民族档案抢救与保护方法研究——以云南省档案馆为例》，《云南档案》2017年第10期。

[45]梁雪花、熊爱桃：《口述历史档案采集方法研究及实践——以云南省档案馆为例》，《云南档案》2018年第3期。

[46]龙和铭：《从民族档案的历史形成与应用看建立民族档案学的必

要性》，《中南民族学院学报》（哲学社会科学版）1990 年第 1 期。

　　［47］梅先辉：《论少数民族档案的定义》，《档案学研究》1992 年第 2 期。

　　［48］潘玉民：《认识与行动：再论口述历史档案资源建设》，《档案学通讯》2012 年第 1 期。

　　［49］潘玉民、王艳：《加快建设口述历史档案资源》，《中国档案》2012 年第 5 期。

　　［50］潘玉民、叶徐峥：《论口述历史档案是档案的理由》，《北京档案》2016 年第 5 期。

　　［51］潘玉民、郭阳：《档案界口述历史档案资源建设实践进展评析》，《档案学研究》2016 年第 4 期。

　　［52］钱兴彦：《解析地方图书馆非物质文化遗产口述档案体系建设策略》，《山西档案》2015 年第 6 期。

　　［53］阮思静：《论抢救口述历史档案的价值与意义》，《现代商贸工业》2018 年第 28 期。

　　［54］苏全有、王海波：《对我国口述档案研究的回顾与反思》，《许昌学院学报》2011 年第 6 期。

　　［55］隋晓云：《少数民族口述档案收集研究》，《兰台世界》2016 年第 19 期。

　　［56］唐蔚：《丰满历史：论口述史与口述历史档案》，《云南档案》2013 年第 9 期。

　　［57］唐蔚：《再论口述历史档案价值》，《兰台世界》2014 年第 5 期。

　　［58］唐蔚：《口述历史档案价值考察》，《图书情报研究》2017 年第 3 期。

　　［59］谭文君等：《基于非物质文化遗产的云南少数民族口述历史档案抢救问题研究》，《云南档案》2013 年第 7 期。

　　［60］吴品才：《口述档案的启示》，《档案学研究》1995 年第 4 期。

　　［61］吴雯：《高校口述档案征集工作述略》，《兰台世界》2013 年第 29 期。

　　［62］魏瑚：《我国口述档案建档现状及思考》，《浙江档案》2006 年第 9 期。

　　［63］王惠玲：《香港经验分享——口述历史档案库的创建兼论图书馆

的角色》,《图书馆》2015 年第 12 期。

[64] 王俊斌、郭洁:《浅谈口述档案的收集》,《山西档案》2008 年第 3 期。

[65] 王景高:《口述历史与口述档案》,《档案学研究》2008 年第 2 期。

[66] 王丽:《论档案在边疆多民族地区社会秩序建构中的文化功能:基于档案多元论的阐释》,《档案学通讯》2016 年第 4 期。

[67] 王茂跃:《关于口述档案概念的困惑》,《山西档案》1998 年第 6 期。

[68] 王明珂:《历史事实、历史记忆与历史心性》,《历史研究》2001 年第 5 期。

[69] 王文元:《浅谈口述历史档案的发展与意义》,《办公室业务》2017 年第 16 期。

[70] 王新芳:《〈我弥留之际〉镜像叙事与档案价值的史诗性研究》,《山西档案》2018 年第 6 期。

[71] 王玉龙:《不同的记录不同的过去——口述历史档案的兴起及其理论影响》,《档案学研究》2016 年第 5 期。

[72] 王玉龙、付航:《基于文献计量学的我国口述历史档案研究综述》,《档案建设》2013 年第 4 期。

[73] 王玉龙:《口述历史档案建构社会记忆的选择机制探析》,《档案学通讯》2013 年第 5 期。

[74] 王玉龙:《论口述历史档案建构社会记忆的结合机制》,《档案与建设》2014 年第 8 期。

[75] 王玉龙:《口述历史档案建构社会记忆的转化机制探析》,《档案学研究》2013 年第 4 期。

[76] 王玉龙、谢兰玉:《口述历史档案建构社会记忆的互构机制探论》,《档案学研究》2014 年第 5 期。

[77] 王英玮、吕豪杰:《基于档案馆资源体系建设需要的口述史料与口述档案概念思考》,《浙江档案》2016 年第 2 期。

[78] 王英玮:《〈口述史料采集与管理规范〉内容及存在问题探讨》,《北京档案》2019 年第 2 期。

[79] 王治能:《论收集无文字少数民族口述档案》,《档案学研究》

1997 年第 2 期。

[80] 徐国英、张志东：《云南少数民族口述档案的价值探究》，《兰台世界》2014 年第 8 期。

[81] 徐国英、张志东：《加强云南少数民族口述档案保护的若干思考》，《兰台世界》2014 年第 5 期。

[82] 徐开颜：《少数民族地区口述档案传承民族文化研究》，《兰台世界》2016 年第 4 期。

[83] 谢兰玉：《口述历史档案价值的实现》，《图书情报研究》2017 年第 3 期。

[84] 薛鹤婵：《试论口述历史档案的价值》，《档案与建设》2007 年第 8 期。

[85] 叶立东：《论我国口述档案的理论研究与实践发展》，《兰台世界》2011 年第 10 期。

[86] 于钊等：《口述史料录音文稿整理研究》，《档案天地》2019 年第 3 期。

[87] 晏瑾、徐燕：《口述档案对社会记忆构建的影响》，《云南档案》2012 年第 4 期。

[88] 尹培丽：《口述档案伦理问题探究》，《档案学研究》2017 年第 5 期。

[89] 尹雪梅、丁华东：《论“城市记忆工程”对我国档案资源体系建设的推进》，《浙江档案》2011 年第 3 期。

[90] 杨焕敏：《关于口述历史档案资源管理及开发》，《兰台世界》2015 年第 2 期。

[91] 杨祥银：《“档案学家与口述历史”刍议》，《档案与建设》2000 年第 10 期。

[92] 泽仁：《对搞好少数民族档案研究工作的几点认识》，《档案学通讯》1990 年第 5 期。

[93] 子志月：《我国口述档案研究概述》，《思想战线》2013 年第 1 期。

[94] 曾燕、梁雪花：《省档案局完成独龙族、怒族等 6 个少数民族口述历史采集工作》，《云南档案》2012 年第 11 期。

［95］曾燕：《借鉴国外经验推进我省少数民族文化的传承和保护——云南省档案干部赴新加坡学习口述历史档案管理先进经验》，《云南档案》2011 年第 11 期。

［96］张盼：《近五年我国口述历史档案的收集情况及其思考》，《档案学研究》2014 年第 3 期。

［97］张仕君等：《"口述档案"概念质疑》，《档案学研究。2009 年第1 期。

［98］张敏、王小梅：《中美档案征集政策文本的比较研究》，《档案学通讯》2017 年第 4 期。

［99］张玉琴：《口述历史档案采集标准化的探索》，《中国档案》2006年第 1 期。

［100］张晓霞：《少数民族地区加强口述档案建设研究》，《兰台世界》2012 年第 20 期。

［101］周建军：《口述档案的范式转型与管控之道》，《中国档案》2015年第 5 期。

［102］张鑫昌、郑文、张昌山：《民族档案学刍议：特征与任务》，《思想战线》1988 年第 1 期。

［103］张新民：《关于少数民族档案问题的探讨》，《档案学通讯》1993年第 1 期。

［104］张志东、徐国英：《云南少数民族口述档案的理论梳理》，《兰台世界》2015 年第 14 期。

［105］赵晓、胡立耘：《我国口述档案文献研究综述》，《档案学研究》2014 年第 3 期。

［106］周新国：《构建中国特色、中国风格和中国气派的中国口述史学——关于口述史料与口述史学的若干问题》，《当代中国史研究》2004 年第 4 期。

［107］朱丽梅：《口述档案的整理分析及保管利用探讨》，《兰台世界》2012 年第 26 期。

［108］朱天梅：《我国口述档案传承形式与特征探析》，《云南档案》2014 年第 6 期。

［109］Caitri'ona Nı' Laoire. To name or not to name：reflections on the use of anonymity in an oral archive of migrant life narratives. Social & Cultural Geography. 2007, 8（3）：373-390.

［110］Calamai Silvia, Frontini Francesca. FAIR data principles and their application to speech and oral archives. JOURNAL OF NEW MUSIC RESEARCH . 2018, 47（4）：339-354.

［111］Hamilton Carrie. Emotions and Animals in the Oral History Archive. AYER. 2015, 98：101-127.

［112］Hana Sleiman, Kaoukab Chebaro. Narrating Palestine：The Palestinian Oral History Archive Project. Journal of Palestine Studies. 2018, 47（2）：63-76.

［113］Kevin Bradley, Anisa Puri. Creating an Oral History Archive：Digital Opportunities and Ethical Issues. Australian Historical Studies. 2016, 7（1）：75-91.

［114］Margaret Pamplin. Oral Archives. Joumal of the society of archivists. 1978, 6（1）：33.

［115］Ronald L. Filippelli. Oral History and the Archives. The American Archivist. 1976, 39（4）：479-483.

［116］Ruschiensky Carmen. Meaning-Making and Memory-Making in the Archives：Oral History Interviews with Archives Donors. Archivaria. 2017, 84：103-125.

［117］Thurgood Graham. Legal, ethical and human-rights issues related to the storage of oral history interviews in archives. International history of nursing journal. 2002, 7（2）：38-49.

［118］William W. Moss, Peter Mazikana. Archives, oral history and oral tradition：a RAMP study. Paris, 1986.

三 学位论文

［1］陈萌：《口述档案收集问题研究》，河北大学，2013。

［2］陈维维：《广西口述档案及其收集研究》，广西民族大学，2011。

［3］冯莉：《民间文化遗产传承的原生性与新生性——以纳西汝卡人的信仰生活为例》，天津大学，2012。

［4］黄体杨：《白族非物质文化遗产传承人建档保护研究》，云南大学，2016。

［5］雷鲁嘉：《我国少数民族口述档案的采集及其保障研究》，南京大学，2018。

［6］李文鹤：《我国非物质文化遗产口述档案建构研究》，山东大学，2018。

［7］李娅佳：《云南少数民族档案信息资源开发利用研究》，云南大学，2017。

［8］李洋：《云南元阳哈尼族口述档案保护研究》，云南大学，2015。

［9］卢芳：《张学良口述档案编纂成果研究》，辽宁大学，2012。

［10］罗菁：《口述档案信息资源建设研究》，广西民族大学，2014。

［11］马云娜：《口述档案对于社会记忆建构的价值及实现过程》，东北师范大学，2014。

［12］庞喜哲：《我国口述历史档案平台建设研究》，武汉大学，2017。

［13］孙丽娜：《云南省佤族口述档案开发利用研究》，云南大学，2014。

［14］韦桥明：《科技口述历史档案采集项目研究》，南京大学，2016。

［15］薛鹤婵：《浅论口述档案的价值及其工作》，山东大学，2008。

［16］严妍：《云南无文字少数民族口述档案保护研究》，云南大学，2014。

［17］子志月：《云南少数民族口述档案开发利用研究》，云南大学，2013。

［18］张娇：《云南省国家综合档案馆少数民族口述档案资源建设研究》，云南大学，2016。

［19］张敏：《口述档案研究》，安徽大学，2012。

［20］朱天梅：《民族文化传承视阈下的口述档案价值研究》，黑龙江大学，2015。

四 报纸文章和会议论文

［1］黄凤平：《实现"档案强国"的战略目标让历史服务现实》，《中国档案报》2012年7月5日。

［2］黄凤平、梁雪花：《构筑少数民族的立体记忆——云南省少数民族

口述记忆保护抢救的对策与实践》，载中国档案学会编《2013年海峡两岸档案暨缩微学术交流会论文集》，2013。

［3］朱丽梅等：《高校口述档案的整理分析及保管利用的探讨》，载中国档案学会编《档案与文化建设：2012年全国档案工作者年会论文集》（下），中国文史出版社，2012。

五　电子文献

［1］《保护非物质文化遗产公约》，2019-03-15，http：//baike. baidu. com/view/1006148. htm。

［2］《口述历史与城市记忆》，2019-03-15，http：//sh. eastday. com/qtmt/20111110/u1a937145. html。

［3］《国家级非物质文化遗产代表性传承人抢救性记录工程规范》（试行稿），2019-02-26，https：//www. docin. com/p-1735146183. html。

［4］《人口及民族》，2019-02-15，http：//www. yn. gov. cn/yngk/gk/201904/t20190403_96251. html。

［5］《我省抢救少数民族历史档案》，2019-03-21，http：//ccwb. yunnan. cn/html/2010-07/21/content_177281. htm。

附录　现已完成云南特有 15 个少数民族口述档案采集情况统计表

表 1　云南少数民族口述档案采集——阿昌族

序号	采集对象姓名	采集对象身份	采集内容
1	曹某某 1	阿昌族大活袍	阿昌族祭司"活袍"主持祭祀活动情况、口传经书及"活袍"身份的传承过程和传承方式，创世史诗《遮帕麻遮米麻》相关情况
2	曹某某 2	阿昌族大活袍、国家级非物质文化遗产项目遮帕麻和遮咪麻代表性传承人	
3	曹某某 3	阿昌族著名作家、学者	阿昌族历史、文化
4	赖某某	阿昌族著名学者	阿昌族历史、文化
5	李某某	阿昌族户撒刀传承人	户撒刀（阿昌刀）发端、制作、传承及发展情况
6	项某某	国家级非物质文化户撒刀传承人	
7	穆某	阿昌族第一个厅级、处级干部穆某某的女儿	阿昌族第一个厅级、处级干部生平有关事迹
8	赵某某 1	阿昌族第一个厅级、处级干部穆某某事迹知情者	
9	彭某某	阿昌族著名学者	阿昌族语言
10	赵某某 2	阿昌族第一个大学生	参加高考的有关情形

说明：由于采集对象涉及个人隐私，故采集对象的姓名用"姓+某、姓+某某"等格式，此格式适用于附录表 1~15，后续不再赘述。

表 2　云南少数民族口述档案采集——布朗族

序号	采集对象姓名	采集对象身份	采集内容
1	康某某	布朗族文化传承人	布朗族民间风俗，布朗族各类民间活动情况、各类民间活动中念诵的经文、担任传承人及其带徒弟的情况
2	苏某某	布朗族末代头人之子	布朗族末代头人的个人档案
3	岩某某1	布朗山第一个乡长	个人档案和布朗山变化
4	岩某某2	布朗族第一个厅级、处级干部	个人档案和布朗山变化
5	岩某	第一个大学生	个人档案
6	岩某某3	布朗山民族乡委员会书记	布朗山变化
7	岩某某4	当代文学作家	布朗族民间文学
8	玉某某	云南省民族学会布朗族研究委员会会长、省民族古籍办副主任	如何保护和传扬布朗族的传统文化，西双版纳布朗族生态博物馆征集反映布朗族历史和传统的物品情况
9	胡某某	云南省侨办副主任	布朗族地区经济社会发展情况
10	穆某某	云南省社会科学院经济研究所副所长	在环境经济、少数民族经济等方面布朗族的发展情况

表 3　云南少数民族口述档案采集——独龙族

序号	采集对象姓名	采集对象身份	采集内容
1	江某	独龙族文化传承人	独龙族乡规民约、民风民俗、民居建筑、历史文化传承等
2	孔某某	独龙族第一个厅级、处级干部的后人	独龙族第一个厅级、处级干部个人档案
3	齐某某	独龙族第一个大学生	第一个大学生读书期间的有关情形

表 4　云南少数民族口述档案采集——基诺族

序号	采集对象姓名	采集对象身份	采集内容
1	何某某 1	基诺族第一个厅级、处级干部何某某	基诺山的发展变化、基诺族主要生活经历
2	白某某 1	基诺族第一个大学生	第一个大学生读书期间的有关情形
3	白某某 2	基诺族传承文化代表人	基诺族历史、传说、传世史诗、礼仪习俗、神话故事
4	何某某 2	基诺族歌舞传承人	基诺族传统民间歌舞、民间纺织、刺绣、医术，基诺族历史、传习习俗、礼仪等
5	沙某 1	基诺族文化风俗	基诺族乡规民约和民族民俗，基诺族历史文化及传承等内容
6	沙某 2	基诺族文化风俗	基诺族民间传统文化的挖掘与宣传

表 5　云南少数民族口述档案采集——怒族

序号	采集对象姓名	采集对象身份	采集内容
1	李某某	怒族第一个厅级干部的后人	怒族第一个厅级干部个人档案
2	彭某某	怒族第一个处级干部	怒族第一个处级干部个人档案

表 6　云南少数民族口述档案采集——德昂族

序号	采集对象姓名	采集对象身份	采集内容
1	金某某	德昂族第一个厅级干部	个人情况，介绍与缅甸德昂族的交往情况
2	乌某某	德昂族第一个处级干部	个人档案
3	杨某某	德昂族第一个大学生	成长过程，学习、生活及工作情况

续表

序号	采集对象姓名	采集对象身份	采集内容
4	李某某	德昂族文化传承人	德昂族民间文学、习俗、历史文化、传说故事、史诗《达古达楞格莱标》
5	张某	德昂族文化传承人	德昂族水鼓舞概况，村寨间斗舞的过程，水鼓的挑选及使用

表7 云南少数民族口述档案采集——普米族

序号	采集对象姓名	采集对象身份	采集内容
1	胡某某	普米族第一个处级干部的后人	普米族第一个处级干部个人档案
2	熊某某	普米族文化传承人	普米族民间文学的收集、整理情况
3	杨某某	普米族文化传承人	普米族生活环境、人口迁徙、村寨变化、饮食服饰、舞蹈、祭祀过程、婚俗、节日、成年礼、生产劳动、传说故事等内容的口述档案

表8 云南少数民族口述档案采集——傈僳族

序号	采集对象姓名	采集对象身份	采集内容
1	裴某某	傈僳族第一个厅级、处级干部的后人	裴某某个人的经历，为怒江社会主义建设发挥的积极作用和做出的贡献
2	欧某某	傈僳族第一个大学生	个人求学情况
3	李某某	傈僳族民歌项目国家级和省级代表性传承人	傈僳族民歌的演唱技巧和演唱内容，曲调及变化，吟唱古歌和叙事长诗的"木刮"，即兴演唱的"摆时"

续表

序号	采集对象 姓名	采集对象身份	采集内容
4	胡某某	傈僳族刀杆节项目代表性传承人	对"上刀山，下火海"技艺的讲述及传承人自身学习、传承过程等内容

表 9　云南少数民族口述档案采集——景颇族

序号	采集对象 姓名	采集对象身份	采集内容
1	雷某某	颇族第一个厅级干部的后人	颇族第一个厅级干部的个人基本情况，为加强民族团结、促进边疆地区的社会主义建设所做工作
2	排某某	景颇族第一个处级干部的后人	排某某在党的政策号唤和有关同志的开导下，积极响应党的号召，毅然将自己的财产上交国家，并积极投身于革命工作
3	鲍某某	景颇族文化传承人	景颇族歌舞和编制、雕刻
4	尚某某	景颇族目瑙纵歌省级传承人	景颇族《目瑙纵歌》的过程、舞步要领

表 10　云南少数民族口述档案采集——佤族

序号	采集对象 姓名	采集对象身份	采集内容
1	沙某某 1	佤族第一位大学生	个人求学经历
2	肖某某	佤族末代王子	族社会的发展变迁
3	马某某	耿马佤族末代头人的后人	马某某的个人经历，促进佤族民族团结、发展的历史
4	岩某 1	佤族祭祀礼仪传承人	佤族祭祀活动的内涵和程序
5	沙某某 2	佤族打鸡枞陀螺省级传承人	佤族鸡枞陀螺的技艺和传承
6	沙某某 3		
7	岩某 2	佤族传统文化传播者	西盟佤族民间乐器、传说和舞蹈

续表

序号	采集对象姓名	采集对象身份	采集内容
8	岩某3	佤族文化传播者	海东佤族风俗
9	岩某4	铁器艺人	西盟佤族铁器制作
10	尼某	佤族省级民间艺人	佤族乐器和歌舞
11	娜某	佤族舞蹈艺人	佤族传统舞蹈
12	岩某5	铁器艺人	佤族铁器制作
13	李某某	佤族文化传播者	佤族祭祀
14	张某某	佤族文化传播者	大寨黄佤历史和风俗
15	黄佤村民	普通村民	大寨黄佤历史和风俗
16	田某某	佤族古乐器传承人	沧源佤族历史和音乐
17	梁某某	佤族民俗文化专家	佤族传说

表11 云南少数民族口述档案采集——拉祜族

序号	采集对象姓名	采集对象身份	采集内容
1	石某某	拉祜族第一位大学生	个人档案
2	李某某1	拉祜族末代头人	末代头人
3	毕某某	拉祜族打歌传承人	拉祜族打歌表演
4	张某某	拉祜历史研究者	拉祜族历史、语言，拉祜语的历史来源、文字构成和声韵母发音
5	李某某2	《牡帕密帕》国家级传承人	拉祜族创世史诗《牡帕密帕》《根古》《叫魂歌》等，拉祜族的习俗活动、拉祜族传统舞蹈、民歌、创世史诗、神话传说、民俗祭祀、民间医药
6	李某某3	拉祜族芦笙舞、创世史诗《牡帕密帕》传承人	《牡帕密帕》的演唱方法和内容，拉祜族传统习俗、节日庆典、祭祀礼仪等传统文化
7	李某某4	拉祜族芦笙舞国家级传承人	芦笙舞的动作，芦笙舞的传承

表 12　云南少数民族口述档案采集——白族

序号	采集对象姓名	采集对象身份	采集内容
1	寸某某 1	国家乡村文化和旅游能人	银器制作
2	杨某某 1	省级传统手工技艺	砚台雕刻技术
3	张某某 1	白族学者	白族历史、文化、宗教
4	张某某 2	白族学者	白族历史、文化，剑川宝石山歌会节的传承和保护
5	赵某某	白族绕三灵国家级非物质文化遗产代表性传承人	白族大本曲的来源、唱腔、曲韵式
6	寸某某 2	云南省民族民间高级美术师	金属雕刻制作技艺
7	和某某 1	省级民族民间传统文化传承人	白族拉玛民歌
8	余某某	省级民族民间传统文化传承人	拉玛人"开益"的各种唱腔和小调
9	和某某 2	省级民族民间传统文化传承人	兰坪白族拉玛文化
10	李某某	省级民族民间传统文化传承人	兰坪白族拉玛文化
11	和某某 3	省级民族民间传统文化传承人	白族拉玛文化
12	和某某 4	省级民族民间传统文化传承人	拉玛人的起源、经济发展、生活习俗、姓氏家谱，拉玛建筑、祭祀、禁忌、节日、民歌、故事等内容
13	杨某某 2	白族历史文化研究者及文献资料保存者	白族历史文化，云龙县诺邓村的保护与管理
15	字某某	州级非物质文化遗产传承人	白族刺绣
14	杨某某 3	省级非物质文化遗产传承人	云龙耳子歌
15	张某某 3	省级非物质文化遗产传承人	白族吹吹腔，云龙民间传说和故事，白族山歌，白族纸篾扎法
17	包某	省级非物质文化遗产传承人	纸扎制作
17	黄某某	州级非物质文化遗产传承人	白族村——诺邓文献资料保存和白族文化传承
18	杨某某 4	白族油画家	白族油画

表 13　云南少数民族口述档案采集——纳西族

序号	采集对象姓名	采集对象身份	采集内容
1	和某某1	国家级非物质文化遗产传承人	热美蹉歌舞
2	和某某2	东巴文化传承人	东巴文和东巴文化
3	和某某3	东巴文化传承人	纳西族起源、迁徙路线、自然崇拜以及东巴文化和纳西文化的功能、保护传承
4	李某某	省级非物质文化遗产传承人	勒巴舞
5	王某某	省级非物质文化遗产传承人	东巴造纸
6	阿某某	省级非物质文化遗产传承人	摩梭手工纺织和风俗

表 14　云南少数民族口述档案采集——哈尼族

序号	采集对象姓名	采集对象身份	采集内容
1	张某某1	哈尼族文化传承人	树皮衣制作
2	李某某1	哈尼族文化传承人	哈尼族服饰制作技艺
3	当某	哈尼族民间歌手	哈尼族民歌
4	杨某某1	哈尼族文化研究学者	哈尼族历史、文化、习俗
5	车某	哈尼族民间音乐传承人	哈尼族多声部民歌、尼族传统的哭丧歌和婚嫁歌
6	陈某某1	哈尼族民间音乐传承人	哈尼族多声部民歌
7	白某某1	哈尼族文化研究学者	哈尼族文化
8	杨某某2	哈尼族侨乡文化学者	红河县侨乡文化
9	陈某某2	哈尼族文化学者	哈尼族语言
10	朱某某1	哈尼族国家级非遗传承人	哈尼族《四季生产调》《哈尼阿培聪坡坡》迁徙史诗、《哈尼族古歌》等哈尼族民间口传文学作品
11	卢某某1	哈尼族省级非遗传承人	祭寨神林（哈尼族昂玛突节）等祭祀典礼
12	李某某2	哈尼族文化学者	元阳哈尼梯田文化
13	卢某某2	哈尼族文化学者	哈尼族历史、文化

续表

序号	采集对象姓名	采集对象身份	采集内容
14	白某某 2	哈尼族省级非遗传承人	哈尼族服饰制作工艺
15	罗某某 1	哈尼族舞蹈家	哈尼族民族舞蹈
16	李某某 3	哈尼族文化学者	哈尼族语言、文化
17	方某某	哈尼族民族团结代表人	普洱民族团结誓词碑见证
18	李某	哈尼族青年音乐人	哈尼族音乐
19	赵某某	哈尼族文化学者	哈尼族文化
20	黎某某	哈尼族文化传承人	哈尼族文化
21	朱某某 2	哈尼族文化传承人	哈尼族传统音乐
22	李某某 4	哈尼族文化传承人	哈尼族传统音乐
23	李某某 5	哈尼族文化传承人	哈尼族"祭茶祖"仪式
24	罗某某 2	哈尼族文化传承人	哈尼古歌《腊巴卡》
25	陈某某 3	哈尼族文化传承人	哈尼族历史
26	白某某 3	老党员	当代"愚公"八年修一路
27	张某某 2	哈尼族国家级非遗传承人	哈尼族叙事长诗《洛奇洛耶与扎斯扎依》
28	胡某	哈尼族省级非遗传承人	墨江县哈尼族碧约支系民歌
29	刘某某	哈尼族省级非遗传承人	墨江县哈尼族民歌《敏编咪编》

表 15　云南少数民族口述档案采集——傣族

序号	采集对象姓名	采集对象身份	采集内容
1	蚌某某	傣族民间绘画文化传承人	傣族画的特点、内容
2	恩某某某	傣族象脚鼓舞传承人	瑞丽市傣族象脚鼓传承人
3	冯某某	傣族傣语老师	傣语和傣族文化
4	金某某	傣族傣剧传承人	潞西傣族民族歌舞
5	邵某某	傣族剪纸国家级传承人	傣族民间剪纸艺术的独特风格
6	线某某某	傣族象脚鼓代表性传承人	象脚鼓制作工艺技艺、表演使用、保养维修等
7	约某	傣族孔雀舞的代表性传承人	傣族孔雀舞

续表

序号	采集对象姓名	采集对象身份	采集内容
8	岳某某	傣族翻译老傣文	傣纳文、傣族宗教习俗
9	召某某1	傣族佛寺住持	傣族佛教文化
10	波某某1	傣族民间资料保存者	傣族文化、民间资料的收集
11	艾某	傣族棉纸制作传承人	傣族棉纸制作
12	安某	傣族文化研究者	傣族文化
13	波某某2	傣族傣刀技艺传承人	傣刀制作技艺
14	波某某3	傣族省级非遗传承人	傣族民间刀、棍、拳舞表演
15	刀某某1	傣族省级非遗传承人	傣族叙事长诗《朗娥与桑洛》
16	刀某某2	傣族民族团结代表	宁洱广场民族团结碑见证人
17	俸某某1	傣族全国劳动模范	个人档案
18	俸某某2	傣族白象寺住持	傣族
19	俸某某3	傣族火花制作传承人	火花制作
20	龚某某1	傣族省级非遗传承人	傣剧
21	龚某某2	傣族省级非遗传承人	傣剧
22	罕某某	傣族耿马末代土司之子	耿马末代土司口述档案
23	祜某某某某	傣族南传上座部佛教最高长老	南传上座部佛教
24	陶某某	傣族文化研究者	傣族文化
25	许某某	傣族学会学者	傣族风俗习惯
26	岩某某	傣族省非遗产传承人	傣族慢轮制陶
27	岩某	傣族省级非遗传承人	傣族马鹿舞
28	杨某	傣族县级非遗传承人	傣族狮子舞
29	玉某	傣族国家级非遗传承人	傣族传统章哈演唱
30	张某某	傣族文化研究者	傣族文化
31	征某	傣族作家	傣族小说
32	周某某	傣族文化研究者	傣族文化
33	召某某2	第一个厅级、处级干部	个人档案
34	刀某某3	傣族第一个大学生	个人档案

附件　口述档案采集过程中
所涉及各类范本

附件 1　口述档案采集对象基本信息表（范本）

姓　名		曾用名	
性　别		民　族	
籍　贯		出生年月	
学　历		使用语言	
户籍 所在地			
工作单位			
职　业		职务/职称	
宗教信仰		联系电话	
邮政编码		电子邮箱	
通讯地址			

附件 2　口述档案采集团队工作人员信息表（范本）

姓名	性别	出生年月	组内职责	技术职称	工作单位	联系电话

　　注："组内职责"一栏填写项目负责人、访谈人、摄影（摄像）、录音、后期、翻译、文稿速记、文稿校对、文字转录等。

附件3　口述档案采集工作人员保密协议（范本）*

甲方：_____省（区、市）档案局（馆）

乙方：_____

为了有效保护甲乙双方合作或乙方参与甲方相关工作所接触的秘密信息，明确乙方的保密义务，防止该秘密信息被公开披露或以任何形式泄漏，根据《中华人民共和国合同法》及相关法律规定，甲、乙双方本着平等、自愿、公平和诚实信用的原则鉴定签订本保密协议。

一、本协议所称秘密信息包括但不限于：甲乙双方合作或乙方参与甲方相关工作所涉及和接触的非经甲方明确公开的各项信息，以及与工作相关的文件、资料所载信息和文件、资料本身的名称、数量与存放地点等特征信息。乙方对此秘密信息承担保密义务。

二、乙方同意为甲方利益尽最大努力，在双方合作或参与相关工作期间不从事任何不正当使用甲方秘密信息的行为。

三、乙方对其因身份、职务、职业和技术相关而知悉的甲方秘密信息应严格保密，保证不被披露或使用，包括意外和过失，即使这些信息可能全部是由乙方因工作构思产生和取得的。

四、双方合作或乙方参与甲方相关工作期间，乙方未经授权，不得以竞争为目的、或出于私利、或为第三方牟利、或故意加害于甲方，擅自披露、使用甲方秘密信息，制造再现甲方秘密信息的器材，取走与甲方秘密信息有关的物件；不得刺探与本职工作或本身业务无关的秘密信息；不得直接或间接地向甲方内部、外部的无关人员泄露秘密信息；不得向不承担保密义务的任何第三方披露甲方的秘密信息；不得允许（出借、赠予、出租或转让等处分甲方秘密信息的行为皆属于"允许"）或协助不承担保密义务的任何第三方使用甲方的秘密信息；不得复制或公开包含甲方秘密信息的文件和文件副本；对因工作所保管和接触的有关甲方的文件应妥善对待，未经许可不得超出工作范围使用。

---

* 本《口述档案采集工作人员保密协议（范本）》由作者参照《国家级非物质文化遗产代表性传承人抢救性记录工程工作人员保密协议（范本）》修改而来。

五、如果乙方发现甲方秘密信息被泄露或者因乙方过失泄露甲方秘密信息，应当采取有效措施防止泄密进一步扩大，并及时向甲方报告。

六、乙方须于双方合作或乙方参与甲方的相关工作结束后两日内向甲方返还因该合作或参与甲方相关工作而取得的全部有关甲方的资料、文件等，存储于乙方存储设备中的有关信息，乙方须予以全部删除。

七、乙方的保密义务在下列任一条件成立时终止：

1. 甲方授权同意披露或使用甲方秘密信息。

2. 有关的信息、文件和资料等已进入公共领域。

八、乙方违反协议中的保密义务，应承担违约责任。乙方如将秘密信息泄露给第三方或使用秘密信息使甲方遭受损失的，乙方应对甲方进行赔偿，其赔偿数额应不少于因其违反义务给甲方所带来的损失。

九、因乙方违约或侵权行为侵犯了甲方保护秘密信息权利的，甲方可以选择根据本协议要求乙方承担违约责任，或者根据国家有关法律、法规要求乙方承担侵权责任。

十、时因执行本协议而发生纠纷的，可以由双方协商解决或共同委托双方信任的第三方调解。协商、调解不成或者一方不愿意协商、调节争议将提交相关仲裁委员会，按该委员会的规则进行仲裁。仲裁结果是终局性的，对双方均有约束力。

十一、本协议自双方签字或盖章后生效。对本协议的任何修改必须经双方的书面同意。

十二、本协议一式两份，甲乙双方各执一份。

甲方（签章）：　　　　　　　乙方（签章）：

时间：　　　　　　　　　　　时间：

附件 4　口述档案采集工作方案及预算表（范本）

项目情况分析		
采集地点		
采用设备		
具体采集计划		
成果预期		
经费支出明细		
预算支出科目	金额	说明
设备租赁费		
资料收集费		
专家咨询费		
外聘人员劳务费		
差旅费		
受访人报酬		
后期制作		
总计		
备注		

附件5 口述档案访谈提纲（范本）

案例1：彝族某全国先进工作者和劳动模范

1. 请您给我们做一个自我介绍？

2. 您30多年扎根在彝家山寨，为人师表，把自己的青春无私奉献给党的事业，是什么力量或精神源泉支持您一路走来？

3. 您的先进事迹和默默付出得到了党和国家的认可，您获得过很多的奖励，都有哪些荣誉？

4. 您从教30多年来，是否有机会走出大山，有更好的发展机会？您当时是怎么考虑的？对于您做出的选择，您的家人支持吗？

5. 您从教30多年来，这所学校、这个山寨（彝族）发生了哪些变化，生产生活、环境、教育、经济等方面？之前的山寨是什么样的？

6. 您的事迹被宣传报道，是大家学习的榜样，您是否感到了压力？

7. 您有几个子女，现在都在从事什么事业？您对他们有什么期望吗？

8. 您要教书育人、关怀子女，您很忙，您有什么兴趣爱好吗？

9. 您会和年轻人一样经常使用网络查询资料、使用微信、QQ等方式交流吗？

10. 您把一切奉献给学校，您真的不考虑自己吗？

11. 您怎样看待荣誉和付出？

12. 您打算何时退休，退休后您准备干什么？

13. 您在彝族发展中经历过哪些历史事件吗？

14. 非常感谢您今天接受我们的访谈，以上对您访谈的内容您允许我们公开使用吗？

案例2：彝族某国家级民族歌舞传承人

1. 请您给我们做一个自我介绍？

2. 您是非物质文化遗产传承人，您是哪一年被列入的？传承的项目是什么？

3. 您接触到这项技艺是什么时候？师从何人？

4. 当时彝族的风土人情、生产生活、历史发展情况？

5. 据您了解，彝族打歌有多久的历史了？彝族打歌是否已经融入彝族的日常生活，还是只在重大节日或活动的时候才表演？

6. 您传承的彝族打歌有什么特点？学习起来的难点在哪里？访谈结束后能否给我们展示一下您传承的技艺？

7. 您到过哪些地方演出，获得过哪些奖项？

8. 在您传承这份技艺的过程中经历过什么对您影响较大的事件？

9. 我们了解到××大学曾邀请您为艺术系的学生教授原汁原味的彝族打歌，为彝族文化的发展做出了一定的贡献。在这之前，您有想过将这份技艺传承给其他人吗？您在选择传承人时有什么标准吗？

10. 作为非遗传承人，您认为如何更好的将这份技艺传承下去？可以采用哪些方式？

11. 您认为自己今后要做哪些方面的努力？

12. 您在彝族发展中经历过哪些历史事件吗？

13. 非常感谢您今天接受我们的访谈，以上对您访谈的内容您允许我们公开使用吗？

附件6 协助开展口述档案采集工作的函（范本）

××省档案局办公室关于请协助开展口述档案采集工作的函

××州档案局：

根据年度口述档案采集工作安排，经省档案局同意，拟于××月××日赴你州开展××族口述档案访谈工作，现将有关事宜通知如下，请做好相关配合工作。

一、工作时间

二、工作内容

三、工作人员

四、相关事宜

（一）请按照访谈日程安排，代为提前联系访谈人员，准备好访谈工作。若被访人员调整，请及时和我处工作人员联系。

（二）请代为预订房间×间。

附件：××族口述档案访谈日程安排

××省档案局办公室

××××年××月××日

附件7-1　口述档案采集伦理声明——采访人（范本）*

本人_____（采访人姓名）作为云南省少数民族口述档案采集工作人员，现就对（受访人姓名）先生/女士即将展开的口述史访谈及口述史料的保存、公布与传播，做出以下承诺：

1. 本人将尽自己的所学与所能以社会良知和职业道德为准则，履行自己的工作职责，负责完成即将开始的抢救性记录工程。

2. 本人将以尊重受访者的受访人经历、情感、思想、信仰和价值观，保护传承人的尊严、隐私与个人意愿为处理一切可能发生情况的首要原则。

3. 在工作开始前，本人将尽可能详细地对受访人说明此次抢救性记录的动机、目的、涉及内容、知情人员、保存方法与传播范围，在得到受访人确认和许可之后，方可进行访谈。

4. 此次访谈将使用摄像、摄影、录音、笔记等方式进行记录，本人将在一切录像设备开始录制之前告知受访人。在受访人不知情或不同意的情况下，将不会进行任何手段的影音记录。

5. 在访谈过程中，本人将尽量避免涉及有可能使受访人感到人格侮辱和感情伤害的谈话内容，尽量避免提出任何误导性、刺激性及暗示性等有可能影响受访人主观判断的问题。

6. 在访谈过程中，如访谈内容涉及个人隐私和其他隐私，本人将提前对受访人进行提示，在得到受访人认可方认可后，方可进行。本人理解并接受受访人在谈及这些内容时可能的拒绝、隐瞒及其他情绪和反应。

7. 本人将尽自己所能去客观、诚实地理解并记录受访人的意图与所表达的内容，并将这些影音资料整理成文字稿后交由受访人审定。这些资料的处理过程将在保密的情况下进行，本人有责任告知受访人这些工作的参与者与执行范围，并约束这些参与者的行为不与此声明相悖。

8. 本人将负责整理受访人对文字稿的审定意见，对其进行必要的修改和补充，并形成最终的口述文字稿。此最终文字稿将和所有原始的影音资

---

* 本《口述档案采集伦理声明——采访人（范本）》由作者参照《国家级非物质文化遗产代表性传承人抢救性记录工程伦理声明采访人伦理声明》修改而来。

料一起，成为口述档案。

9. 口述档案的一切公布、使用与传播将在与受访人沟通并获得许可之后进行。本人将有责任记录并落实受访人对文献公布与使用的要求与意愿，包括公布的时间、内容、范围及其他特殊要求。

10. 本声明仅就采访人对受访人的伦理责任进行了自觉性的约束，不涉及第三方，且不具有法律效力。一切法律问题将通过双方签订的《口述档案文献采集、收藏与使用协议》进行约束。

11. 本声明将和受访人的伦理声明一起，在正式访谈开始之前做出声明并进行录制，作为口述史访谈最终文字稿的一部分，与之一起永久保存。

12. 本声明未涉及之情况，可在双方认可的情况下进行补充声明。

附件 7-2　口述档案采集伦理声明——受访人（范本）[*]

本人_____（受访人姓名），现就接受国家级非物质文化遗产代表性传承人抢救性记录工程的工作人员_____（采访人姓名）及其团队的口述史访谈工作，做出以下声明：

1. 此次抢救性记录是以记录个人记忆，保存历史，真实服务社会公益为目的，以个人的良知和历史责任为准则，在本人完全自愿的情况下进行的。

2. 本人将以目前所能达到的最佳精神状态与记忆力，尽可能真实地、详细地回忆并讲述自己的人生经历与所感所想。

3. 本人将尽量避免涉及第三方隐私、可能损害第三方利益与情感的内容。如为了还原历史真实，必须涉及上述内容，本人将有责任向采访人说明并要求其将这些内容对公众保密。

4. 本人理解并同意采访人对口述内容中可能出现的遗漏、错误、口误和表达不清进行必要的对比、校订与改正。这些改正的内容在本人认可之后，将和口述史料中的其他部分一样，代表本人的意识。

5. 本人认同此次拍摄是在采访人（及其团队）与受访人共同的智力与体力投入下进行的，认可此次拍摄所产生的全部文献资料（包括影像、声音以及文字稿）的著作权归双方共同所有。

6. 本人同意口述档案采集的工作人员对此次拍摄所得的原始资料进行必要的整理。同意记录工程实施单位对全部文献资料（包括影像、声音以及文字稿）进行永久保存，并对其中本人仍可部分提供公共阅览服务。

---

* 本《口述档案采集伦理声明——受访人（范本）》由作者参照《国家级非物质文化遗产代表性传承人抢救性记录工程伦理声明受访人伦理声明》修改而来。

附件8　口述档案文献采集、收藏与使用协议（范本）*

甲方：＿＿＿＿＿＿

乙方：＿＿＿＿＿＿省（区、市）档案局（馆）

为合作完成口述档案的采集和整理，甲乙双方经友好协商，达成如下协议：

一、乙方应组织工作人员并提供摄像、录音等设备及耗材，对甲方进行口述史访谈。采集所得的影像、声音的磁带，数据等介质为乙方所有。

二、甲方应配合乙方工作，并有权要求乙方提供采集所得的影像、声音的磁带、数据等介质的复制件。

三、甲方有权对采集影像、声音的全部或部分内容进行检查，并有权要求修改或删除部分内容。

四、甲方有权决定采集影像、声音的部分或全部内容在何时之前或何等条件下暂不公开。在上述时间截至和上述条件实现之前，乙方不得向任何第三方泄露甲方决定暂不公布的内容。

五、甲方有权在不牟利的前提下公开展示记载采集影像、声音的磁带、数据等介质的复制件，但不得将该复制件交予第三方收藏和使用。

六、乙方有权将采集影像、声音作为文献资料收藏，并有权根据收藏需要，对于采集影像、声音进行复制。

七、乙方有权通过阅览室和网站等途径向公众免费提供采集影像、声音的阅览服，并有权许可公众对采集影像、声音进行复制，甲方决定暂不公开的内容除外。

八、乙方有权公开播放采集影像、声音，甲方决定暂不公开的内容除外。

九、采集所有的口述史料的著作权由甲乙双方共同享有，任何一方未经另一方书面同意，不得行使著作财产权（出版、出租及摄制等）。

十、采集所得项目实践和传承教学的音视频及照片的著作权由乙方享有。

---

* 本《口述档案文献采集、收藏与使用协议（范本）》由作者参照《国家级非物质文化遗产代表性传承人抢救性文献采集、收藏与使用协议（范本）》修改而来。

十一、乙方应组织工作人员对采集影像、声音的内容进行记录并形成文字稿，所得文字稿适用于上述第一条至第九条的规定。

十二、甲方有权对文字稿进行审阅和校对，并有权要求乙方在其审阅和校对完成之前，对文字稿进行保密处理。

十三、经协商一致并另行签订协议，甲乙双方可以合作或单独对采集影像、声音和文字稿进行整理、加工和以之为素材创作产生其他作品。

十四、经协商一致并另行订立协议，甲乙双方可以共同或单独委托他人对采集影像、声音和文字稿进行整理、加工或以之为素材创作产生其他作品。

十五、任何一方违反本协议规定，对另一方造成负面影响的应消除影响；对另一方造成损失的，应赔偿损失。

十六、本协议未尽事宜（如口述史料中暂不公开的部分及公开时间和条件），由甲乙双方协商一致后订立书面补充协议，补充协议与本协议具有同等效力。

十七、在本协议履行过程中产生的争议，由甲乙双方友好协商解决。

十八、本协议一式两份，经甲乙双方签字盖章后生效，双方各执一份。

甲方：＿＿＿＿＿＿　　乙方：＿＿＿＿＿＿省（区、市）档案局（馆）
　　　　　　　　　　　　　　　　　（盖章）

时间：＿＿＿＿＿＿　　时间：＿＿＿＿＿＿

附件9　口述档案著作权授权书（范本）*

鉴于授权人对于被授权人所记录的，以授权人为采访/摄影对象的口述史料/表演作品（以下称为"该作品"）享有著作权，并保证该作品合法且不侵犯他人权利，现就该作品在世界范围内无限期地向被授权人_____独家授权如下：

一、被授权人有权将授权人的口述内容进行录音、录像，拥有录制所得录音带、录像带和音视频数据的所有权，并有权将口述内容记录整理成文字等形式。

二、被授权人有权永久收藏该作品，并有权根据收藏和服务的需要，对该作品进行复制、数字化、加工、编目和建立数据库。

三、被授权人有权向其服务对象提供该作品的阅览服务。授权人在本授权书附件中声明暂不发表的部分除外。

四、被授权人有权公开展示、展览、传播该作品。授权人在本授权书附件中声明暂不发表的部分除外。

五、被授权人有权许可其服务对象对该作品已发表部分进行复制。

六、被授权人有权许可被授权人的合作单位在合作时间和事项范围之内对该作品进行第三至五条的使用。

七、被授权人有权以该作品已发表部分为素材，另外撰写、编辑、出版及发行文字作品或摄制其他视频作品，整合及建立数据库。

八、被授权人有权以该作品已发表部分为基础，开发除文字作品和视频作品以外的其他文化产品和服务。

授　权　人：_____

身　份　证　号：_____

日　　　期：_____

---

* 本《口述档案著作权授权书（范本）》由作者参照《国家级非物质文化遗产代表性传承人抢救性记录工程著作权授权书（范本）》修改而来。

附件：

授权人声明：

基于以下原因：＿＿＿＿＿＿＿＿＿＿＿＿＿＿＿＿＿＿＿＿＿＿＿＿＿＿

＿＿＿＿＿＿＿＿＿＿＿＿＿＿＿＿＿＿＿＿＿＿＿＿＿＿＿＿＿＿＿＿＿＿

＿＿＿＿＿＿＿＿＿＿＿＿＿＿＿＿＿＿＿＿＿＿＿＿＿＿＿＿＿＿＿＿，

该作品中＿＿＿＿＿＿＿＿＿＿＿＿＿＿＿＿＿＿＿＿＿＿＿＿＿＿＿＿＿

＿＿＿＿＿＿＿＿＿＿＿＿＿＿＿＿＿＿＿部分在＿＿＿＿年＿＿月＿＿或

＿＿＿＿＿＿＿＿＿＿＿＿＿＿＿＿＿＿＿之前暂不发表。

附件 10 口述档案采访记录单（范本）

日期		起止时间	
地点		受访人	
采访人		录音摄像	
其他在 场人员			
主要内容			
备注			

附件 11-1　口述档案收集文献目录——
纸质文献目录（范本）

编号	题名（材料内容）	编/作者	出版社/期刊/所有者	出版/印刷时间	收藏地点	收集人	是否授权	备注
1								
2								

附件 11-2　口述档案收集文献目录——缩微制品、
音响出版物与电子文献目录（范本）

编号	名称	拍摄者/制作者/作者	拍摄/制作时间地点	收集人	收藏地点	文献格式	是否授权	备注
1								
2								
3								

附件 11-3　口述档案收集文献目录——
实物文献目录（范本）

编号	名称	实物描述（尺寸、质地、颜色等）	实物所在地	收集人	备注
1					
2					
3					

附件 12　口述档案文献收集与使用授权书（范本）[*]

鉴于授权人对被授权人向授权人征集或收集的影音、图片、文稿等资料（以下称为"该文献"）可以完全独立处分，并保证该文献本身及其内容均合法且不侵犯他人权利，现就该文献在世界范围内无限期地向被授权人_____独家授权如下：

一、被授权人有权永久收藏改文献，并有权根据收藏和服务的需要，对该文件进行复制、数字化、加工、编目和建立数据库。

二、被授权人有权对该文献内容加以整理，形成文字和乐谱等形式。

三、被授权人有权向其服务对象提供该文献的阅览服务。授权人在本授权书附件中声明暂不发表的部分除外。

四、被授权人有权公开展示、展览和播放该文献。授权人在本授权书附件中声明暂不发表的部分除外。

五、被授权人有权许可其服务对象对该文献已发表部分进行复制。

六、被授权人有权许可被授权人的合作单位在合作时间和事项范围之内对该文献进行第三至五条的使用。

七、被授权人有权以该文献已发表部分为素材，另外撰写、编辑、出版和发行文字作品或摄制其他视频作品，整合及建立数据库。

八、被授权人有权以该文献已发表部分为基础，开发出文字作品和视频作品以外的其他文化产品和服务。

授　权　人：_____

身　份　证　号：_____

日　　　期：_____

---

　*　本《口述档案文献收集与使用授权书（范本）》由作者参照《国家级非物质文化遗产代表性传承人抢救性文献收集与使用授权书（范本）》修改而来。

附件：

授权人声明：

基于以下原因：＿＿＿＿＿＿＿＿＿＿＿＿＿＿＿＿＿＿＿＿＿

＿＿＿＿＿＿＿＿＿＿＿＿＿＿＿＿＿＿＿＿＿＿＿＿＿＿＿＿＿

＿＿＿＿＿＿＿＿＿＿＿＿＿＿＿＿＿＿＿＿＿＿＿＿＿＿＿＿，

该文献中＿＿＿＿＿＿＿＿＿＿＿＿＿＿＿＿＿＿＿＿＿＿＿＿

＿＿＿＿＿＿＿＿＿＿＿＿＿＿＿＿＿＿部分在＿＿＿年＿＿月＿＿或

＿＿＿＿＿＿＿＿＿＿＿＿＿＿＿＿＿之前暂不发表。

后 记

本书是在我的博士论文基础上修改完善而成，是一部我为之倾注大量心血的著作，在写作过程中得到了很多老师和同学的帮助和指导，借此机会诚挚地表达我的感激之情。

感谢我的导师陈子丹教授，恩师不嫌弃我学识浅薄、资质愚钝，才使我有此继续深造学业的机会。导师作风质朴、厚德载物、为人低调、潜心学术、治学严谨，这些均令我仰望而乐道，心向往之。导师从我学业之初的专业课讲授，到阅读书目的推荐，再到博士论文的选题、撰写等都为我付出了大量的心血和精力，给予我大量的指导和帮助，对此表示衷心的感谢！

感谢云南大学档案与信息管理系的杨勇教授、郑文教授、华林教授、杨毅教授、段丽波教授、刘强教授、周铭副教授、陈海玉副教授、胡莹副教授、侯明昌副教授、甘友庆副教授、周承聪博士，历史系罗群教授、韩杰教授，民族学系李晓斌教授、叶黑龙博士，西南林业大学张昌山教授，云南省图书馆王水乔馆长，云南民族大学李国文教授，云南省档案局黄燕玲研究员，楚雄师范学院李仲良教授，我的师兄王旭东博士，好友刘宇教授、朱明副教授、黄体杨副教授、赵学敏副研究员，上述老师在我平时的学习、科研，论文开题、中期检查、撰写过程中均给予我大量的指导和帮助！感谢我的爱人徐国英，本书第一章和第二章部分内容由张志东和徐国英共同商议并撰写，此外徐国英参与了本书相关文献的调研和书稿的校对。

感谢在口述档案采集实践、实地调研、资料获取、论文写作过程中提供了大量帮助的老师、好友，他们有：云南大学民族学与社会学学院陈学礼老师、张海老师，云南省档案馆梁屹涛老师、梁雪花老师、熊爱桃老师，云南省非遗中心胡荣梅老师。

感谢云南大学相关部门为我读博提供的便利和帮助，感谢教务处领导和同事们对我的理解和支持。

　　感谢我的家人在我读博期间给予的大力支持和默默付出，是你们无尽的帮助和包容才让我安心学习、顺利完成学业。

　　最后，衷心祝愿我的家人和各位老师、同学身体健康、工作顺利。

图书在版编目（CIP）数据

云南少数民族口述档案采集研究／张志东，徐国英
著 . -- 北京：社会科学文献出版社，2021.10
ISBN 978-7-5201-9048-0

Ⅰ.①云… Ⅱ.①张… ②徐… Ⅲ.①少数民族-民
族文化-口述档案-档案研究-云南 Ⅳ.①K280.74

中国版本图书馆 CIP 数据核字（2021）第 187551 号

云南少数民族口述档案采集研究

著　　者／张志东　徐国英

出 版 人／王利民
责任编辑／范　迎
责任印制／王京美

出　　版／社会科学文献出版社·人文分社（010）59367215
　　　　　　地址：北京市北三环中路甲 29 号院华龙大厦　邮编：100029
　　　　　　网址：www.ssap.com.cn
发　　行／市场营销中心（010）59367081　59367083
印　　装／三河市尚艺印装有限公司

规　　格／开本：787mm×1092mm　1/16
　　　　　　印张：10.5　字数：175 千字
版　　次／2021 年 10 月第 1 版　2021 年 10 月第 1 次印刷
书　　号／ISBN 978-7-5201-9048-0
定　　价／128.00 元

本书如有印装质量问题，请与读者服务中心（010-59367028）联系